MICHAELA MOSES / DORIS PREISSLER

DAGEGEN BIN ICH
ALGERISCH

Was die Generation Doof
denkt, sagt und schreibt

MICHAELA MOSES / DORIS PREISSLER

DAGEGEN BIN ICH ALGERISCH

Was die Generation Doof
denkt, sagt und schreibt

NEUES AUS
DEUTSCHLAND
einig
DEPPENLAND

riva

Bibliografische Information der Deutschen Nationalbibliothek:
Die Deutsche Nationalbibliothek verzeichnet diese Publikation in der Deutschen
Nationalbibliografie; detaillierte bibliografische Daten sind im Internet über
http://d-nb.de abrufbar.

Für Fragen und Anregungen:
algerisch@rivaverlag.de

2. Auflage 2011
© 2011 by riva Verlag, ein Imprint der FinanzBuch Verlag GmbH
Nymphenburger Straße 86
D-80636 München
Tel.: 089 651285-0
Fax: 089 652096

Redaktion: wortvollendet, Pia Gelpke, Berlin
Umschlaggestaltung: Maria Wittek, München
Umschlagabbildung: Maria Wittek, München
Satz: Daniel Förster, Grafikstudio Foerster, Belgern
Druck: CPI – Ebner & Spiegel, Ulm
Printed in Germany

ISBN 978-3-86883-130-6

┌─ *Weitere Infos zum Thema* ──────────────────

www.rivaverlag.de
Gern übersenden wir Ihnen unser aktuelles Verlagsprogramm.

Inhaltsverzeichnis

Dagegen bin ich algerisch – Was die Generation Doof denkt, sagt und schreibt

Liebe Leserinnen, liebe Leser,

das Deppenland hat wieder zugeschlagen.

Wie schon im ersten Band widmen wir wieder ein ganzes Buch den lustigsten Bewohnern unseres schönen Landes: den Deppen der Nation. Und wenn wir mal ehrlich sind, sind wir ja alle nicht nur Bewohner des Deppenlandes, sondern tragen manchmal auch aktiv dazu bei.

Wer wissen will, wie Deutschland tickt, der muss nur lesen, was die Deutschen so von sich geben. Und da gibt es so einiges …

Vielen Dank an alle, die zu diesem Buch beigetragen haben, indem sie skurrile SMS verschickt (»Mama kann dich nicht verstehen, der Empfang ist so schlecht«), fremde Unterhaltungen mitgehört (»Entschuldigung, Fräulein, fällt Rattengift unter Tiernahrung?!«), peinliche Kontaktanzeigen aufgegeben (»Bayr. Hexe (63), greislisch, grantig, giftig, sucht …«), gechattet (»Hi! Ich bin 17w und blond, hat jemand Lust auf Chatten?«), ihre absonderlichen Ticks mitgeteilt (»Ich muss Fischstäbchen auf allen sechs Seiten braten«), lustige Ausreden erfunden (»Tut mir leid, ich war zu spät und zu blöd – und blond bin ich auch noch!«), sonderbare Stellenanzeigen aufgegeben und Online-Fragebögen erstellt (»Sind Ihre Eltern Geschwister?«) oder Dr. Sommer um Rat gefragt haben (»Platzt das Jungfernhäutchen mit einem lauten Knall?«). Sehr wertvolle Beiträge lieferten auch die Durchsagen bei der Bahn (»Dies hier ist kein Adventskalender, man kann auch mehrere Türen öffnen!«), unsere Lieblingsblondine Daniela Katzenberger (»Sei schlau, stell dich dumm!«) und natürlich Dieter Bohlen (»Das klingt irgendwie nach voller Windel«).

Ohne all diese wundervollen Skurrilitäten wären wir nämlich trotzdem ein depperes Land, aber dazu noch ein sehr trübseliges.

Poesie in Kürze – Skurrile SMS

Versteht Mutti die moderne Technik?
4:08 Uhr
L. bist du schon wieder betrunken,
komme jetzt sofort nach Hause! Du wolltest
schon vor Stunden hier sein.

4:32 Uhr
Mama kann dich nicht verstehen,
der Empfang ist so schlecht.

So ein Schwein ...
00:04 Uhr
Hey Süße, bin grad mit Susi inner Kiste.
Ruf dich später zurück!

00:05 Uhr
ARSCHLOCH!!!

00:06 Uhr
NEIN!!! Die Kiste ist ne Kneipe!!!!

Achtung, Test!
22:12
Hey! Schick mir mal ne Test-sms !

22:16 Uhr
Test :-)

22:23 Uhr
Shit ... die sms kam an. Meldet sich
die Alte doch einfach nur nicht!

Wundersame Probleme
14:09
Oh Mann, ich hab gestern einen ganzen Liter Wodka gesoffen, bin grad mit nem Mädel im Arm auf einem Sofa in irgendeiner WG aufgewacht, hab den Kater meines Lebens, und das Einzige, was die im Kühlschrank haben, ist Bier ...

14:15
Ich versteh dein Problem nicht ...

Erst lesen, dann schicken ...
09:10
Ich hab mich die ganze Nacht schön von meinem Köter verwöhnen lassen!

09:21
Köter? So verzweifelt?

09:25
Lover!!! Drecksscheiß-T9, sind die gleichen Tasten.

Zwist in der Familie
22:51
Hi Katze! Wie wärs mit Wein bei mir, nackt DVD schauen und Schabernack treiben?

09:44
Du Trottel hast die SMS nicht an meine Handynummer, sondern an die Nummer des Festnetztelefons geschickt! Mein Papa hat mich heut morgen geweckt und gefragt, ob ich »Katze« sei oder er meine Mutter fragen muss!

Schlechter Moment
07:22
Hey Hase, hab mir grade einen runtergeholt und
dabei an dich gedacht ;)

08:45
Du Arsch … mein Lehrer hat mir das Handy
abgenommen und die SMS laut vorgelesen …

Feind in der Nähe
23:48
Hi Schatzi. Bist du noch wach?

23:54
Nein, sie schläft schon. Gruß Uli

Totaler Blackout
13:12
Ey, hol mich hier ab, schnell. Wo bist du denn gestern
hin, du hast gemeint, du passt auf mich auf!? Hier liegt
ein Mädel neben mir, und das ist definitiv nicht meine
Freundin …

13:22
Alter, wir waren vorgestern weg, du bist VORGESTERN
Nacht nach der Disco noch mit 3 bis 4 fremden Leuten
weg, hast gelallt, du willst noch feiern gehen, das war
gegen 9 Uhr früh. Wo bist du denn?

13:29
Woah, mein Kopf. Also, die ist jetzt wach … so wies
aussieht, bin ich mit denen »Afterhour« machen gegangen,
und das hat im Durchsaufen geendet … anscheinend bin ich
jetzt in Amsterdam … Hab mich schon gewundert, in Köln
gibts doch keinen Club, der Escape heißt!?

Gut zu wissen...
01:04
Wo bist du?

01:12
snoli vler fräkld

01:15
Ah. Cool. Bring einen Cheeseburger mit!

Erinnerungslücken?
12:09
Ich hatte dir doch gesagt, dass ich fahren kann!

12:16
Depp, du bist nicht gefahren! Ich bin gefahren, und du saßt auf dem Beifahrersitz und hast mit einem Pappteller gelenkt!

Kleine Verwechslung
19:28
Hey, ich stand gerade vor deiner Tür und deine Oma hat aufgemacht. Die war total unfreundlich und hat mich wieder rausgeschmissen. Ich wollt nur wissen, ob du später zu Stefan kommst.

19:37
Was? Meine Oma ist tot.

19:43
Oh! Dann war das wohl deine Mutter. Kommst du später?

Verkehrte Welt
15:44
Oh Mann, die haben mich aus dem Bücherladen rausgeschmissen, weil ich die Bibel in den Fictionbereich umsortiert habe.

Das kann ins Auge gehen
20:07
Hi, großer Mann. Treffen wir uns mal wieder?
Nadine

20:43
Hm... mein Handy kennt dich nicht. Da könnte es verschiedene Gründe geben. A) Ich kenn dich nicht und du hast dich verwählt. B) Ich kenn dich, aber du hast eine neue Nummer. C) Ich kenn dich, will dich nicht und hab die Nummer gelöscht. Bei A und B: Treffen geht klar, bei C auf keinen Fall.
Stefan

»Lol ...« – Aus deutschen Chaträumen

Verständigungsprobleme

fabi: Ich glaube, wir müssen an unserer Kommunikation arbeiten. Einer redet immer nur Scheiße, der nächste sagt »lol« und ein anderer versteht nicht, was überhaupt los ist
Schlaubi: Lol!
Amin86: Hm?

Wie meint er das denn ...?

timtim: Ich mag Frauen am liebsten so wie meinen Kaffee ...
Hamster: Voller Milch?
michi: Heiß?
Doktor: Also wie? In einen Sack gefüllt und auf dem Rücken eines Esels?
Rocker: Leise?
Jens: Kolumbianisch?
Jens: Oder lieber von McDonald´s?
Radio: Schwarz?
Hamster: In einem Becher?
Jens: Auf deinem Schoß?
Ameli: Billig?
Milchshake: Stark und schwarz?
timtim: Ich hasse euch alle!

Schlagfertig

Alter: Wahahahah Frabi! Ich hab deine Mudda gebumst!!
@Frabi: Papa, hau ab, ich rede hier mit Freunden ...

Kondome zum Selbermachen

Schrotti: Hab gerade 20 Euro bei einer Wette verloren... aber die waren es absolut wert!
Schrotti: Nach der Schule war ich mit einem Kumpel bei Kloppenburg.
Schrotti: Mein Freund schnappte sich dort ne große Packung Kondome und ging damit an die Kasse.
Schrotti: Die Kassiererin hat die Kondome eingescannt, und dann tat er so, als hätte er zu wenig Geld, und ging noch einmal zurück in den Laden.
Schrotti: Kurze Zeit später kam er mit einer Tüte Gummibänder und Frischhaltefolie zurück.
Schrotti: Das Gesicht der Kassiererin werde ich nie vergessen. xD

Nerd-Sprache

Phillip: Wie ist das Wetter bei dir?
Maxi: Caps-Lock.
Phillip: ???
Maxi: Shift ohne Ende. xD

Schlagfertig 2

melli: Gestern hat mich ne Polizistin angehalten.
melli: Ich frage: »Wie viel?«
melli: Und sie sagt: »40 Euro.«
melli: Ich darauf: »Passt, steig ein!«

Gefährlicher Flirt

Tom: Hey Sina.
sina: Hey.
Tom: Ich liebe deinen knackigen Arsch!
sina: Wie bitte?
Tom: Heute Nacht poppen wir ne Runde, oder?
sina: Du Stück Scheiße.
Tom: Was?
sina: Du bist Martin Müller, richtig?
Tom: Klar. Du weißt doch, dass ich es bin!
sina: Ich bringe gerade den Computer in Ordnung...
sina: Ich bin Sinas Vater!
Tom: Was??
Tom: Du machst Witze.
sina: Mache ich nicht, und ich weiß, wo du wohnst! Ich komm gleich rüber. Versuch gar nicht erst wegzulaufen, ich finde dich eh!
Tom: Sina, das ist echt nicht lustig...
Tom: Sina?
justus: Du bist erledigt! Ihr Vater ist ein Psycho.
Tom: Scheiße!
justus: Lauf!
*** Tom has quit IRC
justus: Du bist echt oberfies, Sina.
sina: Lol...
justus: Genial... aber fies.
sina: Wie auch immer, er ist ein Arschloch.

Ruhe bitte!

nick: Was heißt eigentlich hdf??
sonne: Halt die Fresse.
nick: Tschuld-di-gung. War doch nur ne einfache Frage. Mann, musst ja nicht gleich so ausrasten.

Falscher Quotient

bunny: *Hi! Ich bin 17w und blond, hat jemand Lust auf Chatten?*
Pete03: *ICQ?*
bunny: *Keine Ahnung, aber nen ziemlich hohen, glaub ich!*

Er war´s!

Stieg: *Wenn mir auf Zugfahrten langweilig ist, google ich die Krimis, die Mitreisende lesen, und verrate ihnen den Mörder.*

Solche Filme?

Thor: *Unsere Deutschlehrerin hat heute gesagt, dass sie gerne Filme schaut, bei denen man Taschentücher braucht.*
Thor: *Und dann wunderte sie sich, dass einige Jungs meinten, dass sie die auch gerne sehen.*

Biology simplified

nulli: *Könnte mir mal jemand die Zellteilung erklären?*
Karo: *o*
Karo: *0*
Karo: *8*
Karo: *oo*

Geht nicht...

Mega: *Du... ich brauch schnell ma ne Serial für Windows -.-*
Prophet: *F1CKD-1CHUN-DK4UF-350R1-61N4L*
Mega: *→ Geht nicht.*

Vordrängler

g-reg: Metalheads haben eh den besten Humor.
Till: How come?
g-reg: Steh bei Kaufland an der »Schnellkasse« (wieso auch immer die so heißt), vor mir ein Mittzwanziger in dunklen Klamotten und davor so ein Paris-Hilton-Klon.
g-reg: Na ja, er klopft ihr plötzlich auf die Schulter und fragt ganz nett: »Entschuldigung. Kennen wir uns?«
g-reg: Sie dreht sich um, lässt ihren Blick einmal von oben nach unten und zurück wandern und meint dann: »Das bezweifele ich stark.«
g-reg: Darauf er: »Darf ich mich vorstellen?«
g-reg: Sie: »Von mir aus.«
g-reg: Darauf geht er an ihr vorbei und fängt an, sein Zeug auf's Band zu legen. :-)
Till: ...
Till: Hä?
g-reg: Genau das dachte ich auch. Bis ich's gerafft hab.

Was Google über uns verrät.
Wundersame Suchspuren

Die zentralen Sinnfragen der Deutschen

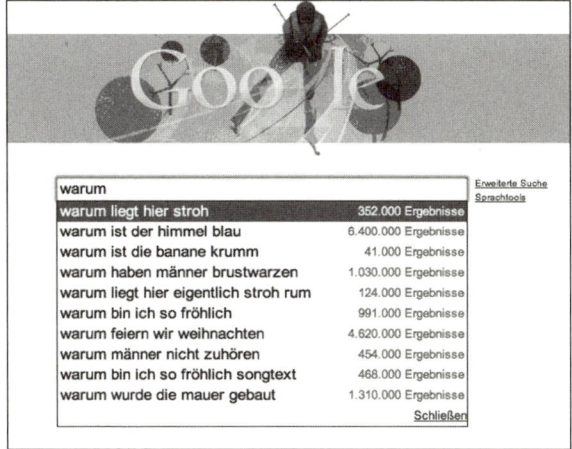

Was man mit Wein leider nicht machen kann ...

Wenn gerade keine Drogen zur Hand sind!

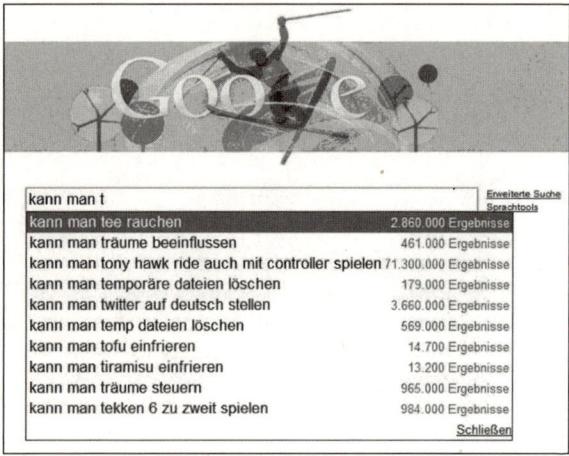

Lehrer stehen nicht wirklich gut da…

Nicht nur die Persönlichkeitsrechte von Menschen sollte man wahren

Nein, Frauen können einfach nicht schlau sein

Kennen wir noch alles aus der Schule

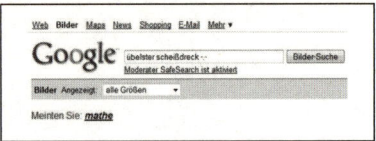

Wissen Sie, was Ihre Kinder so alles machen?

Warum? Die wirklich wichtigen Fragen des Lebens

Wie macht man ein Baby? Kleine Hilfestellungen via Google

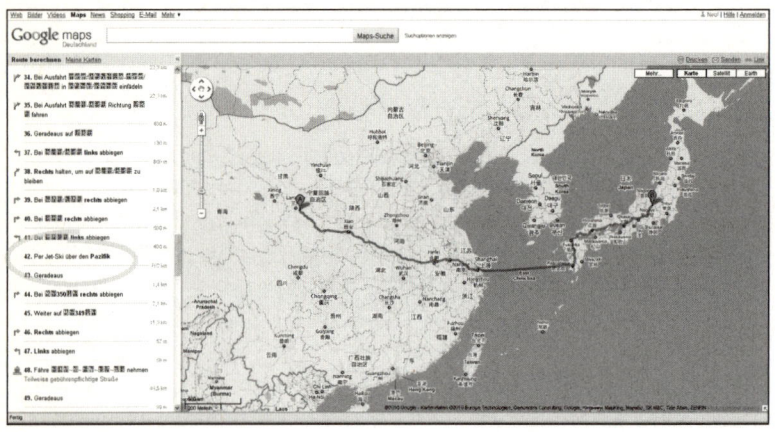

Die kürzeste Route von China nach Japan.
Doof ist nur, dass man dazu auch einen Jet-Ski braucht

»Hasi sucht Bärli« – und andere entzückende Kontaktanzeigen …

Attraktive Zahnärztin sucht Mann fürs Leben. Habe Herz, Hirn und Humor. Bin ledig u. kinderlos. Suche liebenswerten Akademiker im Raum München/Oberbayern, sportlich, schlank, ab 1,75 Meter, bis 40 Jahre. Nur mit Bild. Zuschriften unter ZS1880974

Was, bitte schön, ist der Mann fürs Leben? Das Gegenteil vom Mann fürs Sterben? Wir wissen es nicht. Dafür arbeitet die Dame mit der guten alten Alliteration. Wir kennen sie noch aus der Schule, DAS rhetorische Schmuckelement. Noch einmal kurz erklärt: Benachbarte Wörter beginnen hierbei mit dem gleichen Anfangsbuchstaben, zum Beispiel: »Mit Kind und Kegel« oder »Mit Mann und Maus«. Und bei Richard Wagner liest sich das so: »Winterstürme wichen dem Wonnemond.« So schön kann es klingen …

Bär, 53, 1,80, naturverbunden, geradeaus, **sucht Bärchen** bis 50 kg. ✉☎ZS1884483

Das ist dann aber ein mickriges Bärchen mit nur 50 Kilo auf den Rippen – um nicht zu sagen, eher ein halbes Hemd denn ein Bär.

Bio-Verkäufer u. Öko-Freak (43,183) sucht seine bessere Hälfte, am liebsten Pädagogin, Musikerin od. Bäuerin ✉☎AS1885625

Hier hat zumindest einer Einsicht. Einen Öko-Freak erträgt auch nur eine Pädagogin.

In Liebe und Leid, bin ich für dich bereit.
Mit Herz, Liebe und Vertrauen werde ich immer auf dich bauen.
Er 49/187/99 mit angenehmem Äußeren und guter Figur, voll im Beruf, sucht Sie für das größte Glück des Lebens.

Der Dichter, der Dichter, bekommt eins auf die Lichter!
Im Großen und Ganzen ging der Reim an unsere Substanzen.

„Gutschein"
Fernando
Zuschriften unter
✉☎ZS1885631

Was ist in diesem Gutschein inbegriffen? Wo kann ich ihn einlösen?

Harrend ein Mann am Bache steht,
hoffend, 'ne nette Frau ihm zur Angel geht.
Ein kleiner Fisch indessen beißt nur an,
achtlos nach hinten wirft ihn unser Mann.
Betrübt zum Gehen - um er dreht sich,
Frau umarmt ihn: Ach Dich such ich.
Zuschriften unter ✉☎AS1881098 an SZ

Die Übersetzung (in Prosa): Ein Mann steht an einem Bach, fischt, angelt und denkt dabei an Frauen. Die kleinen Fische wirft er dann achtlos nach hinten, wo die Traumfrau steht. Aha!

Rüstiges Supergirl sucht sexy Herdentier,
-;-) Zuschriften unter ✉☎ZS1885784

Also, ein Herdentier sucht man besser auf der Weide. Soll es eher schwarz-weiß gefleckt sein oder lieber was mit Hörnern oder gar flauschigem Fell?

Viele Frauen
schimpfen über Männer, die ab einem bestimmten Alter angeblich nur nach jüngeren Frauen Ausschau halten. Es soll aber auch jüngere Frauen geben, die bewusst einen (lebens-)erfahrenen, interessanten Mann suchen. Ich bin Anfang 60, studiert, unabhängig, und biete eine dauerhafte Beziehung. Zuschriften unter ✉☎ZS1886547

Ja, ja, rede es dir nur schön, alter Mann.

Haare auf den Zähnen, Falten im Gesicht, **nicht** jünger aussehend, klapperdürr, Raucherin, (55 J., 1,70 m, 47 kg, kurze schwarze Haare, grüne Augen) sucht passendes Pendant z. Zähneklappern, Geisterbahn fahren u. Knochenreiten. Humor u. Herzlichkeit sind erwünscht! Freue mich auf Ihre Antwort (Raum München) u. ✉☎ZS1888519

Ach, wenn doch nur jeder sich so sehen würde, wie er ist... dann blieben uns die ganzen Speckrollen, die aus den Hüftjeans hervorquellen, erspart, die T-Shirts à la Presswurst-Pelle blieben im Schrank und die Cellulitis, die unter Miniröcken hervorblitzt, müsste man auch nicht ertragen.

Wer will vermag, wer wagt gewinnt, wer liebt lebt

Handwerksmeister, 68/175/67, mit zwei grauen Schläfen, davor weitgehend knitterfrei. Dazwischen genug Grips für vielseitige Interessen, tiefgründige Gespräche, Humor und Selbstironie. Darunter zwei Schultern zum gegenseitigen Anlehnen sucht dich, zwischen 52 und 65 Jahren.
Wann werden wir uns beide von unserem Teller probieren lassen......?
Freue mich auf deine Antwort!

Eine würde reichen.

Suche einen ganz normalen Mann, keinen Bret Pit !! Köln/AT

Doch wer, zum Kuckuck, ist Bret Pit? Ist das der, der mit der Angela Scholie zusammen ist? Und ist der nicht immer im Kino zu sehen, genauso wie Tschortsch Kluhni, El Patschino und Met Dämon?

Nichts als die Wahrheit –
Die besten Beichten

Ein Wunder

Ich (w) habe nach einem Discobesuch den Nachtbus verpasst und wollte keine zwei Stunden auf die erste S-Bahn warten. Also bin ich in der Stadt rumgelaufen, am Krankenhaus vorbei, und ... na ja ... ich habe einen Rollstuhl geklaut und bin mit diesem durch die Stadt gefahren. An einem Kreisverkehr, den ich etwa fünfmal umrundet hatte, kam mir dann ein Polizeiauto entgegen. Vor lauter Schreck bin ich aus dem Rollstuhl aufgestanden (ein Wunder!) und weggerannt. Die Streife mit den verdutzten Polizisten hat natürlich die Verfolgung aufgenommen, und sie haben mir hinterhergeschrien. Irgendwann hatte ich sie aber abgehängt. Mein schönes Kleid war voller Matsch und meine neuen Schuhe habe ich verloren. Aber ich kann mit Stolz behaupten, dass das verdammt noch mal die geilste Nacht meines Lebens war.

Genialer Trick

Ich (m/22) betrüge die Post. Die Idee kam mir unter der Dusche. Ich werfe einfach unfrankierte Briefe ein, auf denen ich Absender und Adressat vertauscht habe. Auf diese Weise schickt die liebe Post die Briefe immer mit einem Hinweis, dass sie nicht ausreichend frankiert seien, dahin, wo sie hin sollen. Eigentlich versende ich sehr selten Briefe, aber ich finde die Idee so toll. Hat bisher immer geklappt. Danke dafür.

Falscher Adelstitel

*Beim Osterfeuer habe ich (m/19) ein Mädchen getroffen –
etwa 20 Jahre alt –, die gut Alkohol getankt haben musste
und zudem wirklich rattig war. Wir haben uns dann im Laufe
des Abends hinter den nächstgelegenen Busch begeben
und sie wollte mich mit ihrem Mund beglücken. Kurz bevor
es losging, habe ich sie dann gefragt, ob sie so was häufiger
mache, und sie sagte, sie sei total aufgeregt und mache es
das erste Mal. Als sie sich dann hinkniete, um anzufangen,
habe ich Idiot einen Ast vom Boden aufgehoben, ihr damit
auf die Schulter getippt und feierlich getönt: »Hiermit
schlage ich dich zur Schlampe erster Güteklasse.« Sie
guckte mich daraufhin ganz entsetzt an, stand auf und
klatschte mir eine. Sie fing an zu fluchen und mich zu
beleidigen, und haute ab. Ich war dann so sauer auf mich
selbst, dass ich mich betrunken habe, um den Mist zu vergessen. Na ja, hat nicht so ganz geklappt, und ich ärgere
mich immer noch. So was Blödes! Ich bereue.*

Rache für einen Cent

*Ich habe mich heute in einem günstigen Augenblick an den
Computer meines Chefs gesetzt und über das hausinterne
Netzwerk eine E-Mail an alle Mitarbeiter geschrieben, in der
ihnen eine Gehaltserhöhung von einem Cent angekündigt
wird.*

Ne pas bien

*Heute bekam ich eine 4+ für meine Französischarbeit. Erst vor
zwei Monaten bin ich von Frankreich nach Deutschland gezogen.*

Kein Abschiedskuss

Meiner Frau und mir ist neulich was ganz Unangenehmes passiert, was gebeichtet werden muss. Wir haben unsere acht-jährige Tochter zur Schule gebracht. Vor der Schule – es waren selbstverständlich auch andere Eltern versammelt, die ihre Kinder wohlbehalten abliefern wollten – verabschiedeten meine Frau und ich uns von unserer Kleinen. Meine Frau fragte sie dann, weil sie einfach so entwischen wollte, warum sie ihr kein Abschiedsküsschen gebe. Unsere Tochter antwortete, ohne mit der Wimper zu zucken und vor allen Leuten: »Nein, dich küsse ich nicht, du hast gestern Papas Wurst im Mund gehabt!«

Doppelter Spaß

Mein eineiiger Zwillingsbruder und ich schlafen seit zwei Wochen mit derselben Frau, ohne dass sie den Unterschied merkt.

Das schreit nach Rache ...

Ich (m/23) war vor etwa einer Woche zum Einkaufen im Supermarkt. Es war eine Viertelstunde vor acht, die Kassiererin war extrem unfreundlich und hat mich richtig blöd angemacht, während ich meine Sachen auf das Band legte. Dass das doch total unverschämt sei, so spät. Ihre Schimpftirade gipfelte dann in der Feststellung, dass ich eh nicht so viel essen dürfe, da ich dick genug sei! Ich habe mir äußerlich nichts anmerken lassen. Als sie mir dann die stolze Summe verkündete, die ich zu zahlen hatte, habe ich ihr ins Gesicht gelächelt, ihr einen schönen Abend gewünscht und bin gegangen. Ohne zu zahlen und ohne Ware. Sie musste wohl alles zurückstellen – jedes einzelne Lebensmittel. Auch die gefrorenen Sachen.

Wie du mir ...

*Letzte Woche sind meine Frau und ich ins Bett gegangen. Wir
fingen an, uns unter der Decke anzufassen, zu streicheln, zu
küssen. Ich war schon ganz heiß und ich dachte, das beruhe auf
Gegenseitigkeit, die Situation war für mich eindeutig. Aber genau
in dem Moment sagte sie: »Hör zu, ich hab jetzt keine Lust, Liebe
zu machen. Ich möchte nur, dass du mich fest in deine Arme
nimmst, mmh?« Ich war entsetzt: »Was?« Dann kam sie mit dem
ultimativen Totschlagargument: »Du kannst einfach nicht mit den
emotionalen Bedürfnissen einer Frau umgehen.« Am Ende habe
ich kapituliert. Wir hatten in dieser Nacht keinen Sex und ich
musste wohl oder übel so einschlafen.*

*Am nächsten Tag besuchten meine Frau und ich ein
Einkaufszentrum und bummelten durch die Läden. Ich sah sie
an, als sie drei schöne, aber teure Kleider anprobierte. Da sie
sich nicht entscheiden konnte, schlug ich ihr vor, sie solle alle
drei nehmen. Sie konnte ihren eigenen Ohren nicht trauen.
Von meinen verständnisvollen Worten motiviert, gab sie gleich
noch zu bedenken, dass sie dann auch ein Paar neue, passende
Schuhe brauche, die leider 200 Euro kosten würden. Ich stimmte
ihr sofort zu. Danach kamen wir am Juwelier vorbei. Sie wollte
hinein und kam mit einer Armkette mit Diamanten heraus.
Wenn ihr sie gesehen hättet ... Sie war total begeistert! Sie
glaubte wahrscheinlich, ich sei plötzlich verrückt geworden,
aber das schien ihr egal zu sein. Ich muss ihr ganzes Weltbild
durcheinandergebracht haben, als ich wieder Ja sagte. Jetzt
war sie fast sexuell erregt. Leute, ihr Gesicht war unglaublich,
das hättet ihr sehen müssen. Genau in diesem Moment sagte
sie mir mit ihrem schönsten Lächeln: »Komm, Liebling, gehen
wir zur Kasse!« Es war so schwierig, nicht loszulachen, als ich
ihr sagte: »Nein, Schatz, ich glaube, ich habe jetzt keine Lust,
die ganzen Sachen zu kaufen.« Ihr Gesicht wurde kreidebleich,
wirklich. Sie wurde immer blasser, als ich noch hinzufügte: »Ich
hab jetzt nur Lust, dass du mich umarmst.« Als sie vor Wut und
Hass fast platzte, legte ich noch einmal nach: »Du kannst mit den
finanziellen Bedürfnissen eines Mannes einfach nicht umgehen.«*

Gemein

Ich bin Busfahrer und spreche mit Absicht die Namen der Haltestellen falsch und undeutlich aus.

Noch gemeiner

Während meiner Studentenzeit wohnte ich mit einem Studienkollegen in einer Zweier-WG. Beim Aufräumen entdeckte ich ein Paar Handschellen. Schnell war mir klar, wozu diese benutzt wurden, denn schon so manches Mal war mir aufgefallen, dass am Tag, nach dem er »Damenbesuch« gehabt hatte, seine Haut an den Handgelenken gerötet war. Aus Jux habe ich dann die Schlüssel der Handschellen, die mit einem kleinen Ring an den Schellen befestigt waren, gegen zwei fast identische Schlüssel, die damals zu meiner Geldkassette gehörten, ausgetauscht.

Ein paar Tage später war es dann so weit: Er hatte wieder Besuch! Und siehe da, mein Streich ging auf, denn mitten in der Nacht hörte ich, dass er in seinem Zimmer fluchte und dass seine Freundin recht hektisch war. Nach einigem Hin und Her klopfte sie an meine Tür, kam dann aufgeregt und sichtlich verschämt herein und bat mich um Hilfe. Ich konnte mir beim Anblick meines lauthals fluchenden WG-Kumpels das Lachen nicht mehr verkneifen, denn der lag auf dem Bett, mit der Bettdecke zugedeckt, und konnte nicht raus, weil seine Hände oben am Bettgestell festgemacht waren. Schnell konnte ich helfen, denn ich tauschte die Schlüssel aus und schloss die Schellen auf. Den Tausch haben die beiden in ihrer Aufregung nicht mitbekommen, sie schüttelten nur ungläubig den Kopf, weil sie sich ihrer Meinung nach zu dumm angestellt hatten. Bis heute wissen sie nicht, dass ich dahintersteckte.

Pech gehabt

Heute habe ich mein Portemonnaie, das ich verloren hatte, beim Fundbüro abgeholt. Als ich das Gebäude verließ, stellte ich fest, dass mein Fahrrad geklaut worden war.

Schlagfertig

Ich (w/27) muss beichten, dass ich eine kleine Nebenrolle in einer deutschen Fernsehserie habe. Ab und an kommt es dann tatsächlich vor, dass mich jemand auf der Straße erkennt, allerdings ist mein Part so klein, dass die meisten meinen Namen nicht kennen beziehungsweise sich auch nicht recht an die Serie erinnern können. Meistens kommt dann ein Spruch à la »Ich kenne Sie doch irgendwoher...« oder »Sind Sie nicht beim Fernsehen?«. Wenn es sich um eine männliche Person handelt und die Freundin oder Frau dabei ist, antworte ich jedes Mal: »Tut mir leid, ich drehe nur Pornos.«

Mitgehörtes

Berlin. In der Kneipe
Es ist noch früh an einem Freitagabend, als zwei circa 15-jährige
Mädels die recht leere Kneipe betreten. Der Wirt tritt an den Tisch,
um die Bestellung aufzunehmen.
Wirt:»Was darf es denn sein?«
Mädels:»Zwei Jack-Daniel´s-Cola bitte!«
Wirt:»Alles klar!«
Der Wirt betritt den Bereich hinter der Theke, wischt ein wenig
durch und sorgt für Ordnung. Nach ungefähr 20 Minuten kommt
der Wirt noch mal am Tisch der beiden Minderjährigen vorbei.
Mädels:»Tschuldigung, ich glaub, du hast unsere beiden Jacky-
Cola vergessen!«
Wirt:»Nöö, hab ich nicht, ich warte nur, bis ihr 18 seid.«

Passau
In einem Fotogeschäft.
Kunde mit einem Bilderrahmen in der Hand:»Gibt es den hier auch
im Querformat?«
Verkäufer (nimmt dem Kunden den Rahmen aus der Hand und
dreht ihn um 90 Grad):»Ja, klar, ist gerade neu reingekommen!«

Wunschtitel-Sendung im Radio
Ein Hörer wünscht sich Folgendes:
»Ich wünsche mir für meine Schwiegermutter, die zurzeit im
Krankenhaus liegt, den Titel von Ich+Ich: ›So soll es sein, so kann
es bleiben‹.«

Wuppertal. Im Baumarkt
Eine ältere Dame (etwa 70 Jahre alt) geht auf eine junge
Verkäuferin zu und fragt diese:
»Entschuldigung, Fräulein, fällt Rattengift unter Tiernahrung?!«

Potsdam

Auf einer WG-Party mit sehr gemischtem Publikum.
Er (vom Solarium gebräunt und mit Goldkettchen): »Na, wat machst du denn so?«
Sie: »Ich mache gerade meinen Magister.«
Er: »Hä? Biste Zauberer oder wat?«

München. Am Stachus

Auf der Schlittschuhbahn. Ein Mädchen, etwa 16 Jahre alt, wird von einem Jungen in ihrem Alter angemacht. Er ist mit seinen Freunden unterwegs.
Er: »Hey, kenn isch dich?«
Sie: »Nein, ich glaube nicht!«
Er: »Geb mir deine Telefonnummer!«
Sie: »Es heißt ›gib‹, und ich habe kein Telefon.«
Er: »Dann geb mir deine Addy!«
Sie: »Ich habe keinen Computer.«
Er: »Boaah, sag mal deinen Namen!«
Sie (trocken): »Ich habe keinen Namen.«
Er schaut irritiert.
Nach circa 30 Sekunden stellt einer seiner Freunde, scheinbar überrascht, als hätte er gerade ein fliegendes Schwein gesehen, fest:
»Ey Alder, isch glaube, die verarscht dich!«

Rock im Park

Auf dem Zeltplatz, Samstagmorgen, 10 Uhr.
Erster Kerl (entsetzt) zu einem anderen: »Was machst du denn mit dem Wasser?!«
Zweiter Kerl (leicht irritiert): »Trinken?!«
Erster Kerl: »Bist du bescheuert? Das ist zum Zähneputzen, wir ham doch Bier!«

Nürnberg. Hauptbahnhof
Eine Oma sitzt mit ihrem etwa siebenjährigen Enkel auf einer Bank
am Bahnsteig, schaut auf die Anzeigetafel, auf der ein Interregio
angekündigt wird, und erklärt dem Kleinen in belehrendem Ton:
»... der fährt nach Interetschio, das liegt in Italien!«

Köln. In einem Feinkostladen
Das Geschäftstelefon klingelt, und eine Angestellte nimmt das
Gespräch entgegen. Dann ruft sie laut durch den Laden, der gut von
Kunden besucht ist.
Verkäuferin: »Herr Sande... Telefon für Ihnen!«
Verkäufer (sichtlich genervt): »Für... SIE!«
Verkäuferin: »Nein, nicht für mich, für IHNEN!«

Ingolstadt. An der Ampel
Ein Fahrschulauto steht vor der grünen Ampel. Autos hupen.
Plötzlich öffnet sich die Tür, der Fahrlehrer springt aus dem Auto,
geht zu dem hinter ihm stehenden Fahrzeug und klopft an die
Scheibe auf der Fahrerseite. Als diese sich öffnet, sagt er:
»Kumm, geh vor und bring ihr das Autofahrn bei... i hup für di
weida!«

Hildesheim. Im Supermarkt
Ein kleiner Junge (etwa fünf Jahre alt) sammelt vor dem Geschäft
Kassenbons vom Boden auf.
Mutter: »Leo, lass die dreckigen Zettel doch bitte liegen!«
Junge: »Aber die kannst du doch bei Papa abrechnen.«

Kuriose Ebay-Versteigerungen

Ebay, die Plattform, auf der Alltagsgegenstände und missglückte Geschenke verhökert werden, kann auch richtig Spaß machen.
3... 2... 1... meins!

Wer möchte nicht mal wieder ein Baby sein?

Inkontinent werden (Hypnose-CD)

Sie möchten sich wieder fühlen wie ein BABY?
Sie wünschen sich, wieder wie ein Baby in die Windeln zu urinieren? Mit dieser einmaligen Hypnose-CD haben Sie die Gelegenheit dazu. Sie können sich Ihre geheimen Wünsche vom Einnässen ohne Kompromisse erfüllen. Diese Hypnose-CD ist so konzipiert, dass Sie keinerlei Risiko eingehen. So können Sie Ihre Inkontinenz in vollen Zügen genießen. Verlieren Sie von Tag zu Tag immer mehr und mehr die Kontrolle über Ihre Blase. Lassen Sie der Natur einfach freien Lauf! Vor dem Benutzen dieser CD sollten Sie sich schon einen ausreichenden Vorrat an Windeln zulegen. Sobald die Wirkung dieser einmaligen Hypnose-CD eintritt, werden Sie diese dringend benötigen. Also zögern Sie nicht länger! Diese Hypnose-CD wird Sie Ihrem Traum von der Inkontinenz ein Stückchen näher bringen. Gönnen Sie sich doch mal etwas ganz Besonderes und schlagen Sie gleich zu!
Wir konnten schon zahlreichen Menschen, die sich aufgegeben hatten, mit unseren Hypnose- CDs und -Seminaren helfen. Glauben Sie an sich und greifen Sie zu einer der wirkungsvollsten Selbsthilfen, die es gibt. Das sollten Sie sich wert sein.

Die perfekte Rache

Tagebuchkopie meiner ehemals besten Freundin

Für Natalie (brauchst dich für den Hinweis auf dieser Seite nicht zu bedanken): Hallo, du böse Frau! Das hier wird dir sicherlich nicht gefallen, aber nach fast 15 Jahren Freundschaft hast du es nicht anders verdient. Du nicht allzu nette Dame hast mit meinem Freund genächtigt, ich habe euch erwischt (bist übrigens ganz schön schwabbelig), und du denkst, mit ein paar Entschuldigungen sei das erledigt. Du solltest mich besser kennen. Als ich dich aus meiner Wohnung rausgeschmissen habe, bist du mit deinem Kram abgezogen und hast mir noch, in Gegenwart von Debby und Manu, zugeschrien, dass ich den Rest behalten könne. Es sei ein Geschenk! Noch mal danke, dass du deine Drecksbude so verlassen hast. Na, jedenfalls Danke schön für den Nachlass beziehungsweise die Schenkung. Du dumme Nuss, die Sicherheitskopie von deinem PC-Tagebuch, die unterm Bett lag, war dann wohl ebenfalls gemeint.

Die anderen beiden Mädels, mit denen du das Gleiche abgezogen hast und die du in deinen Aufzeichnungen als »prüde Dummchen« bezeichnest, haben von mir eine kostenlose Kopie bekommen ('ne Arbeitskollegin, wie doof). KANNST JA MITBIETEN!!!! ALSO, an alle Ebayer!!!! Tagebuchkopie 2007, bis 28. August, ca. 200 Seiten.

Wenn ihr lesen wollt, was eine unterbemittelte Mittzwanzigerin in ihrem Leben interessant findet, dann legt mal los. Für den Inhalt übernehme ich keine Garantie, die Autorin ist nicht sehr clever! Eher versaut und durchtrieben.

Rückgabe ist absolut ausgeschlossen – den Mist will ich nicht wiederhaben.

Für Vollblut-Musiker

Sie bieten hier auf die original Luftgitarre von John F. Kennedy, die er 1961 bei einem Treffen mit Chruschtschow anlässlich der Schweinebuchtkrise spielte.
Kaum Gebrauchsspuren.
Sie erhalten zusätzlich ein gerahmtes Bild, das den Präsidenten zeigt, während er Ihr Instrument spielt.
Viel Erfolg beim Bieten!

Für Puzzle-Fans der perfekte Zeitvertreib

4-D-Puzzle der Superlative

Zur Versteigerung kommt: eine Denksportaufgabe, ein Kniffel-spiel, eine Geduldsprobe, eine Aufgabe für Langzeitarbeitslose, ein 4-D-Puzzle der Superlative.
Ein Job für Leute, die viieeeeel Zeit haben, oder einfach eine Beschäftigungstherapie für die Ehefrau, die Mutter, die Oma, die Kinder... oder wen man sonst für längere Zeit beschäftigen möchte. Vielleicht haben Sie ja auch in der Verwandtschaft oder im Freundeskreis einen Langzeithäftling? Bei Langeweile freut man sich über solche Beschäftigung ganz besonders.
Versteigert wird eines der teilereichsten Puzzles der Welt:
Ein Brötchen!!!!
Gemahlen zu feinsten Semmelbröseln ;-)
Ich garantiere, dass es sich bei der Menge um genau diejenige handelt, die zur (Wieder-)Herstellung eines Brötchens benötigt wird.
Natürlich können Sie auch gemeinsam mit Ihrer Familie am Bröt-chen-Puzzle basteln und fernab von Fernseher und Spielkonsole wieder für eine rege Kommunikation innerhalb der Familie sor-gen. Lauschige Abende bei Kerzenschein und einem guten Glas Rotwein werden so wieder zu einer wertvollen Begegnung mit Ih-ren Liebsten. Tief greifende Gespräche nicht ausgeschlossen...

Auch ein gern gesehenes Weihnachts- oder Geburtstagsgeschenk, das noch lange von sich reden machen wird.

Für den Zusammenbau sind keine weiteren (teuren) Hilfsmittel wie Leim oder dergleichen notwendig. Sie müssen nur zwei passende Teile finden, diese einfach mit ein wenig Spucke anfeuchten und passgenau aneinanderfügen. Das hält...

Warum handelt es sich um ein 4-D-Puzzle? Nun, es gilt nicht nur, wie bei einem herkömmlichen 3-D-Puzzle, in Breite und Höhe zu bauen – auch das Innere soll wieder zusammengepuzzelt werden. Hierbei ist übrigens Schummeln möglich, was aber den Spaß verdirbt ;-)

Versand innerhalb Deutschlands kostenlos... Hilfe beim Zusammenbauen ausgeschlossen!! ;-)

Tausche auch gegen Teppiche, Grundstücke (egal wo), Gebrauchtwagen, Boote, Lebensversicherungen und so weiter. Einfach anbieten :-)

Fragen & Antworten zum Artikel

Frage

Mein Interesse am Erwerb dieser Innovation steigt mit der Anzahl der Beobachterklicks, die Ihr Angebot bereits zu verzeichnen hat. Tausende von Interessenten können nicht irren. Mich beschäftigt weniger das geniale Produkt selbst, es ist sozusagen selbsterklärend, als der ordnungsgemäße Versand dieses Artikels. Ich weile im Moment auf Honolulu und vertreibe mir die Zeit mit dem Zusammensetzen eines Felsbrockens, der im Laufe der letzten 28 Millionen Jahre zu Sand zerfallen ist. Mein Werk ist bald beendet und ich bin auf der Suche nach neuen Herausforderungen. Da kommt Ihr Angebot gerade recht. Sie bieten den kostenfreien Versand an. Ich erwarte daher seemäßige Verpackung // Trockenmittel // eine Überseeversicherung // ein Dokument, das belegt, dass es sich um ein Spielzeug und nicht um eines der zurzeit kursierenden Sprengstoffpakete handelt (Fragen Sie Frau Merkel, was sie aus Griechenland bekommen hat!). In freudiger Erwartung Ihrer Antwort verbleibe ich aus Honolulu.

Antwort

Oh ja, ich erkenne sofort den Kenner und Schätzer außergewöhn-
licher Aufgaben. Zuerst herzlichen Glückwunsch zur Beinahe-
Fertigstellung Ihres Urgesteins. Dass Sie sich nach Beendigung
einer solchen Aufgabe auf mein vergleichsweise kleines Projekt
stürzen wollen, ehrt mich sehr. Bitte haben Sie Verständnis, dass
ein Versand per Schiff nicht möglich ist. Eine Paketsendung per
Luftfracht kann ich einrichten, Formalitäten wie Zoll, Einreise-
bestimmungen und Ähnliches gehen aber zulasten des Käufers.
Wenn Sie mir Ihre Adresse auf Honolulu zukommen lassen, kann
ich Ihnen vorab eine bebilderte Bauanleitung zum Selbstkosten-
preis zukommen lassen.

Frage

Ich habe nun drei Stunden das Foto studiert, auch mit der Lupe,
und möchte wissen, ob das 4-D-Puzzle denn noch vollständig ist
oder es nicht sein kann, dass Teile fehlen? Es wäre ja schade,
wenn am Ende vier Brösel fehlen würden... darunter würde die
Optik der Arbeit arg leiden...

Antwort

Hmmm... nun habe ich zwei Optionen für Sie: 1. Sollten nach
dem Zusammenbau tatsächlich Teile fehlen, werde ich diese
nachliefern (eine möglichst genaue Beschreibung Ihrerseits
wäre aber Voraussetzung). Oder 2. Ich lege gleich genügend zu-
sätzliche Teile (ungefähr zwei Hände voll) dazu. Diese stammen
aus einem weiteren Puzzle, das eigentlich meiner Frau zu Weih-
nachten versprochen war.

Frage

Hallo, gibt es für dieses Puzzle eine Altersempfehlung? Meine Oma
ist bereits 82 Jahre alt und puzzelt gerne. Eigentlich ist sie topfit,
wünscht sich aber, dass sie das Puzzle bis zu ihrem Tod schafft.

Antwort

Aahh... sorry. Das hatte ich ja ganz vergessen. Es gibt natürlich keine Altersbegrenzung. Auch für Kleinkinder besteht keine Gefahr bei Verschlucken von Kleinteilen, da das Puzzle ein rein biologisches Produkt ist. Im Fall Ihrer Oma will ich es mal so formulieren: Ob sie es bis zum Tag ihres Ablebens schafft, hängt von ihrer Geduld, Sehkraft und Ausdauer ab. Da aber ältere Menschen bekanntlich zu seniler Bettflucht neigen und deshalb viel Zeit haben, räume ich durchaus reelle Chancen ein. Noch ein wichtiger Hinweis an alle Puzzlefreunde mit dritten Zähnen. Ich empfehle, vor dem Puzzeln die falschen Zähne ins Wasserglas zu legen, da sich die Kleinteile beim Anfeuchten gerne hinter Brücken verkrümeln...

Endlich Abhilfe!

BIG-BOBBY-CAR-Sportlenkrad mit Signalhorn

Für ein Leben am Limit und gegen CEDRIK ALJOSCHA!
Es ist doch immer der gleiche Mist.
Du hast von deinen Eltern ein BOBBY CAR geschenkt bekommen. In Rot.
Papa wollte ja, dass du die schwarze Racing-Sonderedition bekommst, weil er früher 'nen tiefergelegten Scirocco hatte. Er erzählt immer, dass er Mutti nur in die Kiste bekommen hat, weil die so geil auf den Scirocco war. Die Wirklichkeit sieht aber so aus, dass Mutti den ersten Abend hackedicht vom Friseurlehrgang in der Abendschule kam und irgendwie nach Hause musste und dass Papa gerade mit seiner Prollkarre vor der Abendschule stand und ein vermeintlich leichtes Opfer zu sein schien... So kam es dann, dass Mutti 22 Worte später in einem hüpfenden VW-Coupé saß, während ein 140 Dezibel lauter Dr. Alban ihr mit seinem »It´s my Life« im Raggadag-Remix das Gehirn massierte. Na ja, besser so als laufen, dachte sie sich.

Irgendwann während der Fahrt wirkte die Verbindung aus acht Tiquila Peng (Wer die Mischung nicht kennt: ´Ne Boing ohne Flügel stürzt langsamer ab als ihr nach drei von den Dingern! Rezept auf Anfrage), Frischluft und Dr. »Hüppel Scirocco« Alban. Mutti kann sich nur noch daran erinnern, dass die nachträglich eingebauten Fensterheber zu langsam funktionierten und dass sie etwas sagte wie: »Mann, gud, dassduu so Türdaschen haschd, sonsdwär da ganse Nuddelsallad aunf debbich gelaufn... BUOAAAARG... schuldegung...« Jedenfalls hat dann der Papa die Mutti wie einen Sack Kartoffeln auf die Schulter gehievt und ab in Omas Wohnung, wo der Papa damals noch seine Bude hatte. Das ist ja auch normal mit 31 Jahren...

Am nächsten Morgen wachte die Mutti auf, war nackt, die Oma stand mit leuchtenden Augen und einem Kaffee in der Tür, während Papa fluchend dabei war, den Scirocco zu reinigen. Mutti überlegte noch, ob die Kotzerei die Wirkung der Pille vermindert haben könnte, während Oma ihr das Du plus Kaffee anbot. Im Gespräch stellte sich heraus, dass Mutti seit neun Jahren das erste Mädchen war, das Papa nach Hause gebracht hatte... und Oma saß auf dem Bettkasten... und Mutti war noch immer nackt und zuppelte die FC-Bayern-Zudecke so gut es ging so hin, dass man nichts sehen konnte... klappte nicht ganz... egal...

Zehn Monate später wurdest DU dann geboren. Eine Frucht der Liebe quasi... der Liebe zu Tiquila Peng.

Mutti war zum Hartz-IV-Mischhaut-Kalorienmutterschiff mutiert, Papa musste den Scirocco verkaufen, weil Mutti bald nicht mehr in die Sportsitze reinpasste, Schroth keine Hosenträgergurte als Meterware produziert und weil der Kinderwagen und die Basskiste in Kombination immer so knarzende Geräusche ergaben. Sie wohnen jetzt in einer 52-Quadratmeter-Wohnblock-Wohnung in einem Bezirk von Göttingen, in dem es ratsam ist, fremde Sprachen zu kennen, wenn man wissen will, wer denn dieses Mal das Autoradio hat. Auf dem Hausflur sieht es aus wie Dresden 1945, auf dem Weg zum Fahrstuhl macht man so etwas wie eine Geruchsweltreise durch sämtliche Kloaken von Berlin bis Istanbul, aber es ist günstig... sagt Papa. Der Traum vom Eigenheim mit kleiner Scheune, um am Scirocco zu schrauben, ist ausgeträumt, seit Papa vor einem Jahr gekündigt wurde. Er steht zwar wieder an der gleichen Maschine wie zuvor, jedoch heißt sein Arbeitgeber nicht mehr Müller Maschinenbau GmbH, sondern Rabowski Time Sharing Inc., und er verdient 6,82 Euro weniger die Stunde. Na ja, dafür darf er auch jeden Tag ´ne Stunde länger arbeiten, um den Verlust auszugleichen … klappt aber nicht ganz.

Zurück zum Thema.

Du hast also dieses rote BOBBY CAR. Standardausführung. Du bollerst wie gestört die Gehwegplatten entlang. Über die enorme Gefahr bist du dir bewusst … unzählige Abschürfungen und Narben an Knie und Kinn singen ein Lied davon, was es heißt, mit einem BOBBY CAR vom rechten Weg abzukommen … und so eine Gehwegplatte ist nicht viel breiter als die Spur deines Höllengefährts!

Jedenfalls steht am Ende des Wegs Cedrik Aljoscha Müller. Und Cedrik Aljoscha (Nein, man darf ihn nicht Cedrik nennen, er heißt CEDRIK ALJOSCHA! Seine Mutter läuft rot an, wenn man da einen Fehler macht!) hatte Geburtstag. Er ist schon zwei. Und DU warst NICHT eingeladen. Somit ist Cedrik Aljoscha zum Staatsfeind Nummer eins auf DEINEM Spielplatz geworden. Und er hat ein BOBBY CAR bekommen. Ein schwarzes mit roten Felgen. Die Racing-Edition, die Papa für DICH bestimmt hatte, aber Mutti hatte gesagt: »So ein Prollspielzeug kriegt der Bengel nicht, sonst wird er später auch so ein Sonderschüler wie sein Papa.« Und du ärgerst dich. Cedrik Aljoscha ist zu bescheuert, um zwei Meter geradeaus zu fahren, ohne etwas zu rammen oder mit dem Kopf am Klettergerüst hängen zu bleiben. DU bist der EVEL KNIEVEL von Göttingen-Grone. Du könntest aus dem Geschoss rausholen, was geht. Die Grenzen erfahren. Ein Leben am Limit, die Geschwindigkeit, der Wind, der Grip der Gummireifen. Einmal Vollgas in die Hölle und zurück … oder bis zum Mülleimer, wenn Mutti mal kurz nicht hinguckt, weil sie scheinbar das Lidl-Prospekt auswendig lernt … DAS IST DEINE BESTIMMUNG!

Doch was hast du? Das rote BOBBY CAR vom Flohmarkt. Ohne Aufkleber. Sieht aus wie ein Klumpen, fährt wie ein Klumpen. Dein Einstieg in die automobile Freiheit ist so prickelnd wie

Dünnpfiff beim Einschlafen... denn Mutti guckt ja immer erst morgens wieder nach dir. NEIN! Du schläfst nicht durch, DAS BABYFON IST KAPUTT! Zusammenfassend: DEIN LEBEN ist der Beginn eines Abstiegs.

Doch es gibt Rettung...

So ein BOBBY CAR von der Stange ist kein Zustand, den man einfach hinnehmen muss. Was bei Papas Scirocco geklappt hat, muss auch bei deinem BOBBY CAR funktionieren. Okay, wenn du dir Mutti so anguckst, dann bist du dir unschlüssig, ob das ein Lebensziel sein kann, aber jetzt und hier, in diesem Moment, mit Cedrik Aljoscha im Blickfeld, wünschst du dir nichts sehnlicher als EXKLUSIVITÄT! Raus aus der Masse!

Dein erster Schritt ins Leben eines Mannes ist:

DAS BIG-BOBBY-CAR-SPORTLENKRAD!

Das geniale Design, durchdacht, griffig. Der Tachometer, der jenseits der 100 Stundenkilometer wie angenagelt nur eins vermittelt: GEFAHR! Der Drehzahlmesser, der nach Gnade zu winseln scheint, weil du in Galaxien vorgedrungen bist, die noch nie zuvor ein Drehzahlmesser gesehen hat. Der hellblau eingefasste Hupenknopf... Mit etwas Fantasie (und davon hast du genug, obwohl Mutti immer dachte, das Kotzen in den ersten Schwangerschaftswochen wäre vom Alkohol gekommen) hört man eine »La Cucaracha«-Melodie... es könnte auch der River-Kwai-Marsch sein... egal.

Jedenfalls könntest du jetzt den Grundstein legen, um dein Leben auf Dauer zu einem Abenteuer zu machen.

SCHLAG ZU!

(Nein, nicht bei Cedrik Aljoscha... obwohl...)

HIER IST DEINE CHANCE!

Du weißt, dass dies dein erstes und einziges Auto sein wird. Nichts, aber auch gar nichts kann das Band zwischen euch zerreißen. Auch wenn du dir eines Tages beim Fahren die Schneidezähne an den Knien rausschlägst und Mutti versucht, Stahlkappenstiefel in 32 zu bekommen. Du und dein BOBBY CAR, ihr seid ein Team... DAS Team. Und darum weißt du:

JEDE INVESTITION ZAHLT SICH AUS

FÜR EIN LEBEN AM LIMIT
... und gegen Cedrik Aljoscha!

Am 2. Februar 2010 fügte der Verkäufer die folgenden Angaben hinzu:
Um die Flut an E-Mails ETWAS einzudämmen: Man nehme ein stabiles Glas und fülle es bis zur Hälfte mit Tequila. Dann füllt man den Rest des Glases mit Asti Spumante auf. Nun nimmt man einen Bierdeckel oder etwas ähnlich Stabiles, Bruchfestes. VON MIR AUS auch 'ne Radkappe oder 'nen Tupperdeckel aus Muttis Schrank. Das Glas knallt man beherzt auf den Tisch, schmeißt den Deckel weg und dann EX oder KELLY FAN!
Fertig ist der TIQUILA (mit zwei i) PENG!

Auto gefällig?

VW T4 Caravelle GL VR6 Automatik – volle Lotte
Scheißhaufen, Drecksteil, Miststück, am besten anzünden!

Modell: T4 Caravelle, scheckheftgepflegt
Typ: Van
Leistung: 103 kW
Anzahl Türen: vier
Getriebe: Automatik
Farbe: blau
Kilometer: 255.000 km
Metallic-Lackierung: ja
Kraftstoff: Benzin
Datum der Erstzulassung: 21. Januar 1998
Partikelfilter: --
HU: 02.2011
AU: 02.2011
Emissionsklasse: Euro 3

Komfortausstattung: elektrische Fensterheber, Klimaautomatik, Ledersitze, Servolenkung, Sitzheizung, Standheizung, Tempomat, Zentralverriegelung
Sicherheitsmerkmale: ABS, Airbag Beifahrer, Airbag Fahrerseite
Hi-Fi/Navigation: Radio/ Kassette, Top-Soundsystem
Außenausstattung: Anhängerkupplung, Katalysator, Leichtmetallfelgen
Nicht reparierte erhebliche Beschädigung: ja

Als Nächstes kommt wahrscheinlich:»Da is ja 'ne Beule anner Seide.« Das brauchst du mir nicht zu sagen, das weiß ich – du Pfosten!!!! Deswegen kommt er ja auch wech, alles klar?! Falls ihr nichts auf den Bildern erkennen könnt, putzt einfach mal euren Bildschirm, oder am besten kauft ihr euch gleich mal'n 15"er, aber nicht so teuer, sonst habt ihr nicht mehr genug übrig, um für diesen miesen Schrotthaufen zu bieten.

Um nervigen Fragen wie »Eh Kolega, worum du ferkaufen Audo?« vorzugreifen, hier die zehn wichtigsten Gründe:

Grund 1: Weil ich es nicht mehr brauche.

Grund 2: Weil ich es wirklich nicht mehr brauche.

Grund 3: Weil ich es nicht mehr haben will!!!

Grund 4: Weil der Scheißhaufen bei mir nur rumsteht und Löcher in den Teer drückt.

Grund 5: Weil ich so was schon immer mal schreiben wollte.

Grund 6: Weil auch mal jemand anderes damit Ärger haben soll.

Grund 7: Weil kein Platz mehr für bescheuerte Interessentenkarten an den Scheiben ist.

Grund 8: Weil ich keinen Bock auf Tankstellen habe und lieber mein Geld für Nutten ausgebe.

Grund 9: Weil ich Leder scheiße finde und Klima auch immer kalte Eier macht (ach nee, hab ja Eierwärmer).

Grund 10: Weil mein Porsche schneller ist als dieses Drecksstück.

Hier noch so 'ne blöde Frage: »Kann man damit nach Griechenland fahren?«
Na klar, Hauptsache, du hast die Goldcard inner Tasche. Hin schon, aber zurück ... geht's mid'm gelben Engel.

Und hier noch eine: »Hat der Wagen ein Scheckheft und ist er zuverlässig?«
Hää? Wozu braucht der Scheißhaufen ein Scheckheft, du hast doch die Goldcard von Aldi! Klar is er zuverlässig, du kannst dich darauf verlassen, dass er dich im Stich lässt.

Falls das immer noch nicht als Beschreibung reicht, hier noch ein paar Eckdaten:

Baujahr: älter als zwölf Jahre; *Verbrauch:* reichlich Benzin und Öl, jenseits von Gut und Böse; *Lack:* an allen Stellen vorhanden (auch von anderen Fahrzeugen); *Räder:* jo, wie alle Audos vier Stück, an jeder Ecke eins; *Innenraum:* reichlich vorhanden, wenn du dich ordentlich vermehrt hast, kriegst du ihn auch voll; *Radio:* in allen Sprachen, sogar mit Kompass und Teppich wegen Megga. *Und für unsere Freunde aus´m Osten:* Dosenhalter, Ascher und Armlehnen gibt´s natürlich auch.

Hygiene: »Is das ein Raucher- oder Hundeauto?« Keine Ahnung, ist auch scheißegal, weil er innen gerade komplett gereinigt wurde. Stinkt jetzt wie´n Klostein (Scherz).

Zubehör: »Wie viel kann man mit der Anhängerkupplung ziehen?«* Häää? Was jezz? Zähne? Bräute? Bäume? Kamele? Geldautomaten? Oder was? Ich sach ma, alles, was nicht schwerer als 190.000 Gramm is. Bollerwagen: sicher, Boote: okay, Lokomotiven: vielleicht, Schiffe: neee.

Wenn jetzt noch so´n Hammel meint, ich könne wohl kein richtiges Deutsch, dann bitte ich an dieser Stelle um Verzeihung, aber bei den vielen Fremdsprachen heutzutage musste ich mich für eine entscheiden. Falls du hier immer noch am Lesen bist, dann bist du wahrscheinlich ein interessierter Zeitgenosse und der deutschen Sprache mächtig und willst nur das Wesentliche wissen, stimmt´s? Also dann, noch mal kurz zusammengefasst:
VW Caravelle GL, Automatik, EZ: 21. Januar 1998, KM: 255.000, sieben Sitze in blauem Leder mit Armlehen, Mittelsitze lassen sich um 180 Grad drehen, Schiebefenster links und rechts (Betätigung defekt), 2-Zonen-Klimaautomatik (funktioniert), Original-VW-Luftstandheizung (defekt), blauer Teppich, elektrische Fensterheber und Spiegel, ZV, AHK, Nebel- und Scheinwerferreinigungsanlage, Color, Sitzheizung, Airbag, Neupreis 1998: circa 33.000 Euro, diverse Neuteile: Steuerkette neu, Abgaskrümmer mit Hosenrohr neu, Winterreifen von Continental neu, Bremsen wie neu, Wasserpumpe neu, Ölpumpe neu. Ich gebe das Fahrzeug nur als Bastlerauto ab, da ich keinen Bock hab, mich wegen even-

tueller Mängel dumm anlabern zu lassen. Deshalb der bekannte Satz: Dies ist eine Privatauktion. Rücknahme oder Mängelrügen sind ausgeschlossen. Bieten Sie NUR, wenn Sie das Fahrzeug auch wirklich haben wollen. Für Spaßbieter habe ich 'ne Keule oder wahlweise einen fähigen und erprobten Anwalt. So, das muss langen, jetzt noch viel Spaß mit 3, 2, 1... vielleicht bald deins. Ich sach ma: »Gute Nacht, Johnboy, und bis bald, ihr Pfosten!«

Am 16. November 2010 hat der Verkäufer die folgenden Angaben hinzugefügt:

Also, gute Nachricht für alle, die mir seit Tagen mit ihren E-Mails auf'n Sack gehen: Ich kann verstehen, dass man den Kackstuhl gern mal anfassen will, um sicherzugehen, dass das nicht im Nachhinein ein perfektes, intaktes, gebrauchsfähiges Topteil ist. Denn wenn man einen Scheißhaufen sucht, will man schließlich auch einen haben.

Darum hier mein ANGEBOT: Ab sofort könnt ihr euch den Schrotthaufen von Dienstag bis Freitag, 14.00 bis 18.00 Uhr, unter folgender Adresse angucken, denn dann steht er draußen auf der Straße. Probefahren oder Aufe-Seide-Kippen wegen Druntergucken is nich. Und wenn du Dödel hier mit roten Kennzeichen oder Anhänger auftauchst und meinst: »Den nehme ich gleich mit«, dann machst du Bekanntschaft mit meiner Keule. Und geht nicht davon aus, dass ich hier noch ein Rahmenprogramm mit Hüpfburg, Karussell, Wickeltisch und Dönerbude für eure Kinder organisiere. Wenn ihnen langweilig is, bringt Badesachen mit, Elbe is gleich nebenan. Auch Ayran, Knobiwurst und Glühwein müsst ihr wie immer anner Tanke kaufen. So, eins noch, ich glaube das Miststück ahnt, dass es wechkommt. Samstag hat er die FREUNDLICHEN angelockt, und die haben ihm auch gleich einen Zettel verpasst. Ich denk noch: »Oh, guck ma, die haben auch Interesse.« Aber nein, was steht drauf: 40 Euro wegen Parken ohne Kennzeichen? Was soll das? Wollt ihr mich fertigmachen? Bin ich nicht schon gestraft genug?

Scheiße, ich hatte das Gefühl, der Pisseimer lacht mich auch noch aus. Hoffentlich is bald Sonntag! So, nun bringt Flaschenpfand weg und drückt die Scheiß-Biettaste, damit ich die Tickets bezahlen kann, Hamburch braucht jeden Cent. Tschüss, ihr Pfosten.

Top-Lederjacke → nur für echte bayrische Buam

Oide Ledajoppn – Trachtenlederjacke

Grias eich, Buam! Ia kennts a oide greisliche Ledajoppn kaffn, de hob i scho moi ind Waschmaschin g´haud, mid a ra guadn Ledasoafa. Da Dreeg is drass, oba fleckig is imma no. Un a boor Fetzn henga a weg. Is hoid a oida Hodan, oba füad Wiesn grod recht. Zum Bia-Nauf-Schüttn und Aufeschpeim duads de Joppn scho lang. Und wenndst den Fetzn auf da Wiesn iangndwo flacka losst, weild sauba bsuffa bist, nocha ist bei dem oidn Glump a wuascht. Oda wenn dea Depp, dea zu dia »Hey, hassu ein Broblem oda was...« gsogt hod, und noch deara saubana Bockfotzn, vo dia auf deina Jackn naufbluat, brauchst di ned eagan, is jo blos de oide Joppn.

Wenns da, a so wia s is, gor z´fui gfleckat is und du des Leder liaba dunkla hom dadst, nocha nimm a Dosn Imrägnierer und schbrüh den Hodern sauba ei. Nocha wead a scho scheena...

Ois Gress schteht 50 drin, oba de foid a weng gloana aus. So zwischn 48 und 50, dad i song. Wennd an recht an Ranzn host, oiso a gschdandns Mannsbuid bist, nocha losst hoid de Gnepf offn. Is doch grod wuascht.

De Gnepf schaung ma fei wia echte Hiaschhoangnepf aus. A jeda is andas. Da obare Gnopf voan is a weng zlang o´gnahd. Dea wacklt wia a Kuahschwanz. Naa, so schlimm a ned, valleicht wia ra Kaibeschwoaf...

Des Fuata von dem Hodan ist voan hell, von Haus aus soits woi so beesch-weiss sei. Oba vom Waschn is um de innare Daschn rum a bissl rot woan, so, ois ob ma de Daschn mit am Wein auffuid hät und dea dann übaglaffn is.

Hint is im Fuata so a Buidl drin, des soit woi a Flossfahrer sei. Schaugt a bissl grantig, dea Keal, oba des is a wuascht, wei wennd de Jackn o host, siegst des Zeig eh ned.

Wei im Epai vui Leid so rumscheissn wenga Garantie und so Zeig – i konn da garantian, dos des wiaklich a fleckiga obegrissna Fetzn is und ned a naie Jackn ausm Kaufhaus, de oana auf oid g´macht hod. Sonst konn i da oba nix garantian. Wenns de Joppn

in a ra Woch z´reisst, don griagst vo mia koa neie... Is nocha dei Bech.
So, etz mog i nimma schreim. I flack mi etz aufs Kanapee und los an Heagott an guadn Mo sei. Wenn no wos is, dann frogts hoid. Oiso nacha, pfiat eich und machts as guad!

Wenn man seine eigene verspielt hat...

Meine Seele, etwa 21 Jahre alt!! WIE NEU!! Zum Einkaufspreis!

Hier bieten Sie auf meine Seele!
Da ich vor kurzer Zeit mein Gewissen und meine Scham verloren habe, brauche ich jetzt auch meine Seele nicht mehr. Deswegen biete ich sie hier zum Kauf an. Insgesamt ist sie in einer guten Verfassung und wurde kaum benutzt. Leichte Gebrauchsspuren am Hinterteil sind jedoch zu erkennen.
Diese Seele eignet sich wunderbar:
als Türstopper,
als Staubfänger,
für einen Tauschhandel mit Gevatter Tod,
als Dekoration.

Bei Fragen scheuen Sie bitte nicht, mich zu kontaktieren. Bei gutem Wetter werde ich antworten. Ich freue mich auf Ihre Angebote!

Pschnieks Seele
Nickname: pschniek
Geschlecht: männlich
Alter: 21
Land: Deutschland
Sprache: Deutsch
Flirt-Status: Single
Sexuelle Orientierung: hetero

Über mich
Was mich ausmacht: Ich bin hilfsbereit, humorvoll, tanze für mein Leben gern und treffe mich häufig mit Freunden, habe eine gute Menschenkenntnis, bin tolerant und kann gut zuhören.

So sehe ich aus
Augenfarbe: braun
Haarfarbe: schwarz
Figur: normal
Größe: 181 cm
Gewicht: 74 kg

Biografische Infos
Ausbildung: keine
Beschäftigung: Angestellter
Sprachen: Deutsch, Englisch
Ethnische Herkunft: europä-
isch
Religion: keine, Atheist

Meine liebsten Freizeitbeschäftigungen
Interessen: Kino, Musik machen, Treffen mit Freunden,
essen gehen, faulenzen und entspannen, Musik hören,
Computer/Internet/Videospiele, Kochen
Sport: Volleyball, Fußball, Schwimmen, Joggen
Musik: Pop, Schlager, Death Metal, Black Metal, Doom Metal,
Gore Metal
Bevorzugte Küche: Italienisch, Mexikanisch, Fast Food,
Französisch
Lieblingsbücher: Mein Kampf, Die Satanische Bibel, alles von
Dan Brown, Meditation für Dummies
Lieblingsfilme: Vital, Dolls, Schindlers Liste, Tanz der Teufel,
Cannibal Terror
Lieblingssendungen: Alarm für Cobra 11, Sliders, MacGyver

Die gemeinsten Sprüche von Dieter Bohlen

Dieter Bohlen: Vor ihm zittern Deutschlands Möchtegern-Superstars. Hier eine kleine Auswahl des Meisters der Wortakrobatik.

»Du riechst gut –
alles andere ist scheiße.«

»Du könntest Sängerin werden!
Aber nur für Horrorfilme und so ...«

»In deiner Chromosomenkette
kommen die Chromosomen für Musik
einfach nicht vor.«

»Ich glaube, du hast viel größere
Probleme als das Singen.«

»Wenn das meine Zahnpasta hört,
will die zurück in die Tube.«

»Ich kenne nur eine, die noch schlechter
singt, das ist Verona.«

»Wenn ich dich zum Singen in den
Park stelle, dann bringen die Vögel die
Kirschen vom letzten Jahr zurück!«

»Deine Art zu singen, das klingt
irgendwie wie Darmverschluss.«

»So wie Stevie Wonder nicht Designer wurde, kann man mit deinen Voraussetzungen auch nicht Sänger werden.«

»Du piepst rum wie ein schwangerer Wellensittich.«

»Du singst, als ob du dir was in deinem Hosenschlitz eingeklemmt hättest.«

»Ich sah früher immer so aus, wenn meine Mutter mir Zäpfchen in den Hintern geschoben hatte.«

»Wenn ich meinem Hund ´ne Currywurst in den Hintern schiebe, dann macht der auch solche Geräusche.«

»Bei mir kommen solche Geräusche aus anderen Öffnungen.«

»Das klingt irgendwie nach voller Windel ...«

»Das klingt wie ein besoffener Lurch.«

Die dümmsten Antworten in Quizshows

Jeder gegen Jeden (SAT.1)

Frage: In der Sendereihe *Vorsicht Falle* wurde vor Neppern, Schleppern und vor wem noch gewarnt?

Antwort des Kandidaten: Ähmmm, vor Mähdreschern.

Big Brother – Das Quiz (RTL2)

Frage: Was steht jetzt im Garten des Big-Brother-Hauses? Wo ist es heiß?

Antwort des Kandidaten: Eislaufbahn.

Der Schwächste fliegt (RTL)

Frage: Welcher meist runde Körperteil wird durch den Hals mit dem Rumpf verbunden?

Antwort des Kandidaten: Der Bauch.

Jeder gegen Jeden – Playmate-Special (SAT.1)

Frage: Welcher Monat liegt zwischen Dezember und Februar?

Antwort des Kandidaten: Brasilien.

Wer wird Millionär? (RTL)

Frage: Zum geflügelten Wort wurde die Frage: Warum ist die ...

1. Blondine dumm?
2. Forelle stumm?
3. Banane krumm?
4. Show schon rum?

Antwort: Ähm, ich befrage das Publikum.

Der Schwächste fliegt (RTL)

Frage: Welches englische Wort für »Schlag« verbirgt sich im Bandnamen der Pilzköpfe?

Antwort des Kandidaten: Hit.

Familienduell (RTL)

Frage: Was reimt sich auf »tief«?

Antwort des Kandidaten: Runter.

Jeder gegen Jeden (SAT.1)

Frage: Welches Pumporgan des Menschen ist hauptsächlich für den Blutumlauf verantwortlich?

Antwort des Kandidaten: Die Milz.

Der Schwächste fliegt (RTL)

Frage: Auf welchen Verkehrsmitteln befindet sich normalerweise eine Galionsfigur?

Antwort des Kandidaten: Auf Ampeln.

Familienduell (RTL)

Frage: Nennen Sie etwas, das einen Schnabel hat.

Antwort des Kandidaten: Hering.

Familienduell (RTL)

Frage: Nennen Sie ein Tier, das Stacheln hat.

Antwort des Kandidaten: Der Stachelbär.

Der Schwächste fliegt (RTL)

Frage: Wirbt das Finanzamt oder ein japanischer Kraftfahr-
zeughersteller mit dem Slogan »Nichts ist unmöglich«?

Antwort des Kandidaten: Das Finanzamt.

Der Schwächste fliegt (RTL)

Frage: Wie viele Schiedsrichterassistenten sind laut DFB-Regeln bei einem Spiel auf dem Rasen?

Antwort des Kandidaten: Elf.

Der Schwächste fliegt (RTL)

Frage: Nach welchem Tier ist der Zustand benannt, der einen dicken Schädel nach übermäßigem Alkoholgenuss beschreibt?

Antwort des Kandidaten: Äh, Brummschädel.

Jeder gegen Jeden (SAT.1)

Frage: Braue, Wimper und Lid schützen welches Sinnesorgan?

Antwort des Kandidaten: Das Gesicht.

Der Schwächste fliegt (RTL)

Frage: Welche Schürze wird zum Schutz vor Röntgenstrahlen getragen?

Antwort des Kandidaten: Lendenschurz.

Jeder gegen Jeden (SAT.1)

Frage: Wie wird der Tüllrock von Baletttänzerinnen genannt?

Antwort des Kandidaten: Tüff Tüff.

Jeder gegen Jeden (SAT.1)

Frage: Welches Pedal entfällt bei einem Wagen mit Automatikgetriebe?

Antwort des Kandidaten: Das Gaspedal.

Der Schwächste fliegt (RTL)

Frage: Welche Fußballliga wurde 1963 gegründet?

Antwort des Kandidaten: 1. FC Köln.

Der Schwächste fliegt (RTL)

Frage: Mit wie vielen m schreibt sich das Wort Kommunikation nach der Rechtschreibreform? »

Antwort des Kandidaten: Mit vier.

Jeder gegen Jeden (SAT.1)

Frage: Für einen Einkaufsbummel in Düsseldorf musst du in welches Bundesland reisen?

Antwort des Kandidaten: Rheinland-Westfalen.

Familienduell (RTL)

Frage: Nennen Sie eine Insel in der Karibik!

Antwort des Kandidaten: Menorca.

Radioshow auf SWR3

Frage: Wann feierte Rio de Janeiro sein 500-jähriges Jubiläum?
  A. 1999
  B. 2000
  C. 2001

Antwort des Kandidaten: Kann ich die Antworten noch mal hören?

SWR3: Wann feierte Rio de Janeiro sein 500-jähriges Jubiläum?
  A. 1999
  B. 2000
  C. 2001

Antwort des Kandidaten: Dann nehme ich 2002.

Wer wird Millionär? (RTL)

Frage: Mithilfe welcher Tiere überquerte Hannibal einst die Alpen?

Antwort des Kandidaten: Lamas.

Jeder gegen Jeden (SAT.1)

Frage: Welche Stadt war das vorgesehene Ziel der Titanic?

Antwort des Kandidaten: Chicago.

Aber auch unsere europäischen Nachbarn stehen uns als Deppen in nichts nach:

Le Maillon faible (TF1) – die französische Version von *Der Schwächste fliegt*

Frage: Welcher Mensch hat als Erster den Mond betreten?

Antwort des Kandidaten: Lance Armstrong.

Family Fortunes (ITV) – aus England

Frage: Nennen Sie etwas, das man am Strand trägt.

Antwort des Kandidaten: Einen Liegestuhl.

The Weakest Link (BBC) – die englische Version von *Der Schwächste fliegt*

Frage: Welche Religion wurde 610 n. Chr. von dem Propheten Mohammed gegründet?

Antwort des Kandidaten: Rastafarianismus.

The Weakest Link (BBC)

Frage: Welche Stadt wurde neben Gomorrha zerstört?

Antwort des Kandidaten: Atlantis.

Cash Cab (ITV) – aus England

Frage: Nennen Sie eine gelbe Frucht.

Antwort des Kandidaten: Orange.

Die PISA-Studie –
Was Sonderbares in der Schule abgeht

Bruch kürzen – Wie war das noch mal?

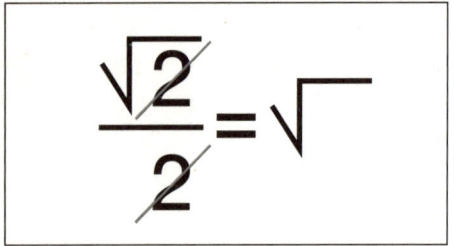

Urzeitmathematik

Aufgabe: Berechne das Volumen des Tetraeders.
Antwort: Tetraeder? Ist das ein Dinosaurier?

Wer suchet, der findet

Aufgabe: Was ist x?
Antwort: Das da!

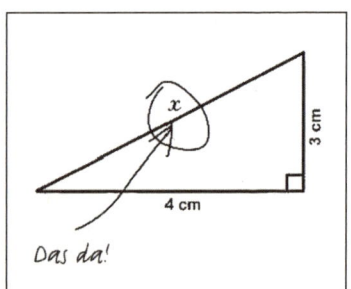

Fernsehen macht nicht doof

Aufgabe: Nenne drei Zeichen, die eine chemische Reaktion anzeigen.

Antwort: Bruce Banner → Zorn → HULK

Mathematik ist der Tod

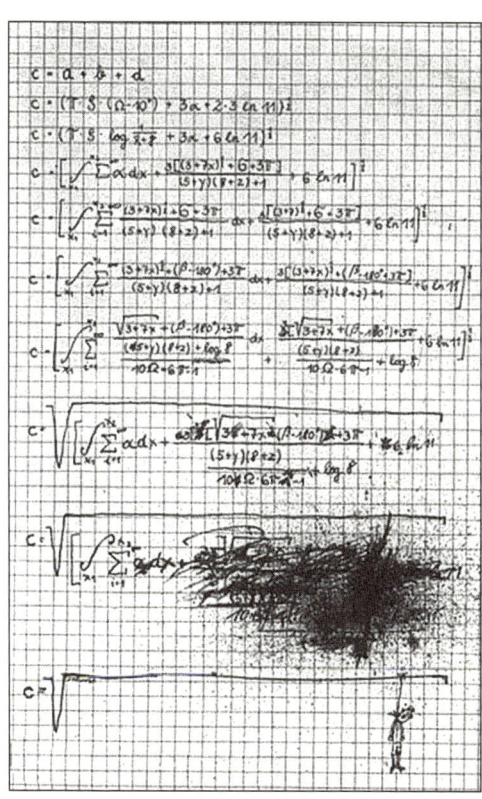

Amen!

Aufgabe: Erkläre, warum Phosphortrichlorid (PCl3) polar ist.
Antwort des Schülers: Gott hat es so geschaffen.

Die Eigenheiten des Wassers

Aufgabe: Definiere hartes Wasser.
Antwort des Schülers: Eis.

Man hätte auch Baukunst, Aquädukte, Thermen, Straßennetz oder Kanalisation erwähnen können...

Aufgabe: Nenne eine der größten Errungenschaften des frühen Römischen Reichs.
Antwort des Schülers: Latein sprechen zu lernen.

Na, rechnen kann der Schüler wenigstens

Aufgabe: Nenne sechs Tiere, die in der Arktis leben.
Antwort des Schülers: Zwei Eisbären und drei, äh vier Seehunde.

Na logo

Frage: Wie heißt Orpheus´ Frau, die er versucht hat, aus der Unterwelt zu retten?
Antwort des Schülers: Frau Orpheus.

Was für eine doofe Frage

Frage: Wo wurde die Unabhängigkeitserklärung der Vereinigten Staaten von Amerika unterschrieben?
Antwort des Schülers: Letzte Seite, unten.

Ich bekomme gleich einen Tinnitus

Frage: Was ist die höchste Frequenz, die ein Mensch wahrnehmen kann?
Antwort des Schülers: Mariah Carey.

Wieso sollte man sich das Leben umsonst schwer machen?

Frage: Wie wandelt man Zentimeter in Meter um?
Antwort des Schülers: Man streicht einfach das Zenti weg.

Weitere Stilblüten, Entgleisungen und schlaue Sprüche aus den Bildungsanstalten hierzulande:

Schüler: Mir ist scheißegal, ob in China die Schriftsteller unterdrückt werden. Das kann man doch sowieso nicht lesen! (Gymnasium Weilheim)

Lehrerin: Hoffentlich ist nächsten Dienstag nicht Rosenmontag. Sonst müssen wir die Klausur wieder verlegen.
(Große Schule Wolfenbüttel)

Lehrer: Und alle, die jetzt noch keinen Ständer haben, gehen nach oben und holen sich einen runter.·
(Gymnasium Verl, Musikunterricht)

Lehrerin: Wo sind denn Wolfgang, Thomas und Markus?
Schülerin: Die sind bei *Jugend trainiert für Olympia.*
Lehrerin: Und wo ist Dennis? Trainiert der für Hartz IV?
(Gymnasium Wildeshausen)

Lehrer: Damit Sie wenigstens ein paar Punkte bekommen. Wie entstehen Wolken?
Schüler: Wasser gefriert und steigt auf.
Lehrer: Und die Titanic war ein Flugzeug.
(HTL Mödling)

Schüler: Ich hab 'ne 1!
Schülerin: Du hast einen Punkt!
(Realschule Auerbach)

Auf Jobsuche – Bizarre Stellenanzeigen

Angaben zur Familie

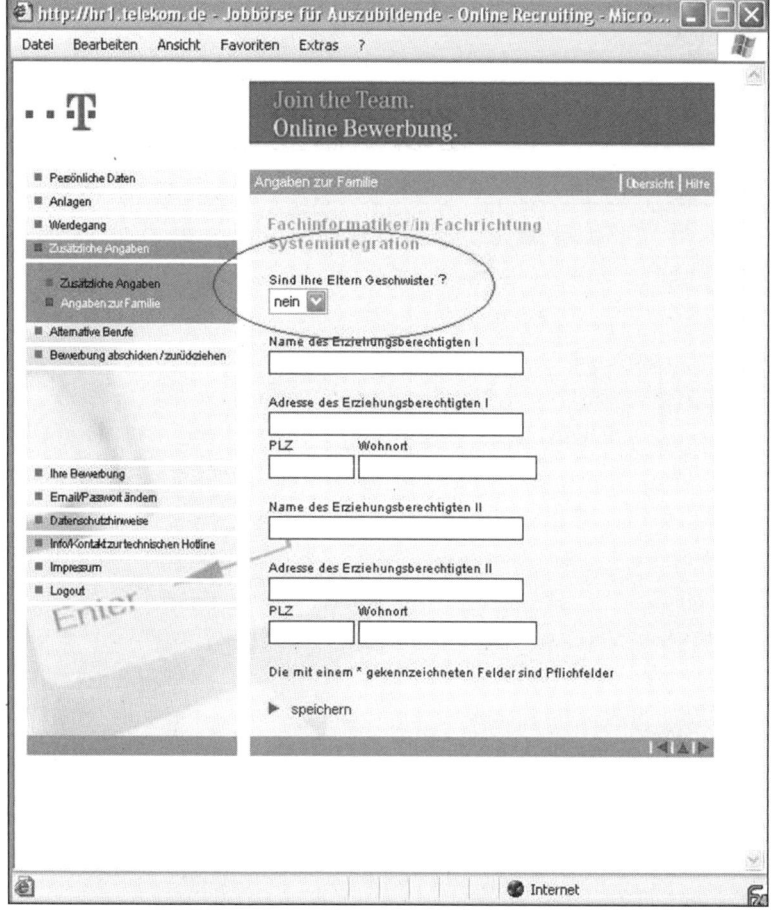

Nur was für Kreative

Aus einer Stellenanzeige der Werbeagentur Jung von Matt:

Scheiße,

Terry Richardson, den ich beim letzten Shooting in L.A. kennengelernt habe, ist in der Stadt und will sich zum Koksen treffen, aber ich muss arbeiten. Schon der vierte Pitch in dieser Woche. Ich sitze hoch über den Dächern der Stadt in meinem lichtdurchfluteten Loftbüro und lasse mir von verzweifelten Art Directoren Layouts zeigen. Sie sind Gold, aber ich will den Grand Prix. Ich bin dieses Jahr so schnell aufgestiegen, dass mir schwindlig wird, wenn ich auf meine Kollegen herunterblicke. Mein Lächeln ist so gewinnend, dass ich die Nike-Präse mit einer leeren Pappe im Alleingang gewonnen habe. Der Anruf eines vor Glück weinenden Marketingvorstands unterbricht jäh meinen gerade einsetzenden Gedankenfluss. Ich höre dem säuselnden Singsang mit einem Ohr zu, während ich gleichzeitig mit der NASA und dem Weißen Haus telefoniere. Durch mein Verhandlungsgeschick erreiche ich, dass die gebrandete Rakete noch vor dem One-Show-Einsendeschluss zum Mond geschossen wird. Nebenbei skizziere ich das neue Mercedes-Logo und notiere mir auf einer Serviette ein paar geschliffene Dialoge, die ich später an Woody Allen maile. (Kann er wieder verwenden, wie beim letzten Mal. Say Hi to Scarlett, is she still mad at me?)

Telefon. Die neue Praktikantin kommt zum Vorstellungsgespräch. Diesmal habe ich mir im Personalbüro eine tätowierte, bisexuelle Rothaarige bestellt. Unter einem Vorwand schicke ich meinen Texter aus dem Raum (»Trag doch mal die neuen Cannes-Löwen in den Keller, und stell sie zu den anderen.«) und schlüpfe in meinen bequemen Hausmantel. Eine halbe Stunde später befreie ich mich aus ihrer Umklammerung und lasse sie völlig erschöpft und vor Erregung zitternd auf meinem weißen Designersofa zurück. Auf dem Weg in die Tiefgarage twittere ich mit meinem Platin-iPhone, wie man die Markenbindung auf Facebook verbessern könnte (Retweet 12 Sekunden später von Mark Zuckerberg), und schwinge mich dann in meinen Pantone 871-farbenen AMG-Flügeltürer (eine kleine Aufmerksamkeit eines russischen Oligarchen, für den ich mal eine Visitenkarte gestaltet habe). Jetzt noch schnell Jean-Remy auf dem Minigolfplatz treffen und über den vakanten Vorstandsposten reden (ich lasse ihn mal wieder gewinnen, sonst wird er ungehalten). Die Turmuhr schlägt gerade Mitternacht, als ich mich zu Hause in meinem 300-Quadratmeter-Loft erschöpft in den Ohrensessel aus Walvorhaut-Leder fallen lasse. Puh, was für ein überaus durchschnittlicher Tag bei Jung von Matt. Für die Rihanna-Backstage-Party musst du aber wieder fit werden, denke ich noch und tippe Terrys Nummer in meinen Blackberry.

**Bewirb dich unter ▇▇▇▇▇ JvM sucht Kreative.
Also, so richtig, richtig Kreative.**

(Oder rothaarige, bisexuelle Praktikantinnen.)

Bitte, was?

CSO SRA AS (m/w) ... Was ist das?

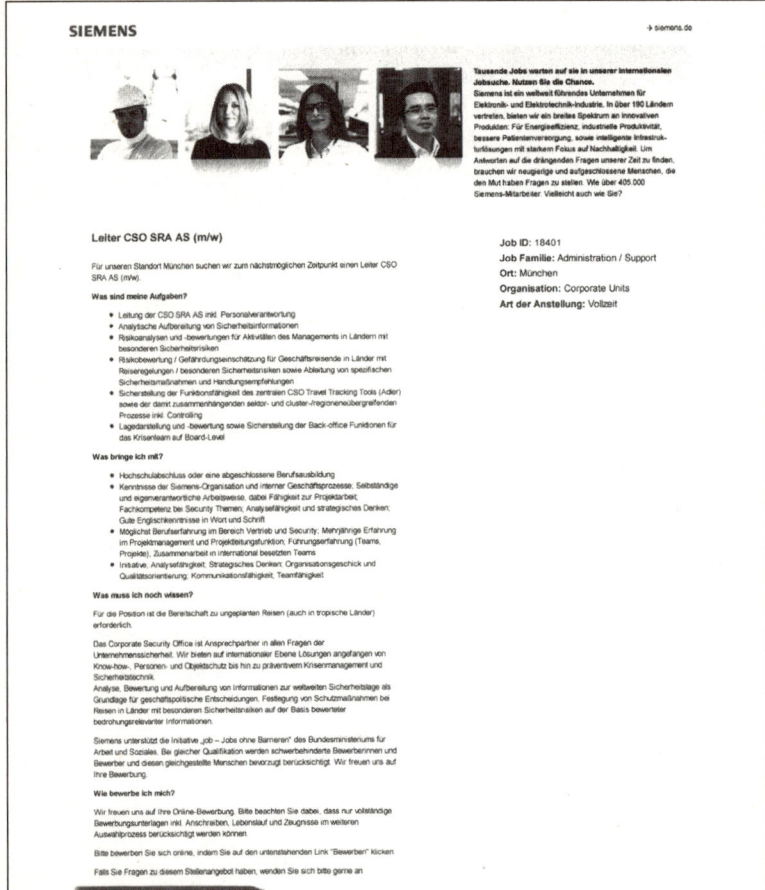

Und für die, die immer noch nicht wissen, was hier gesucht wird:
*Leiter Corporate Security Office – Situation, Reporting and Analysis
– Analysis and Situation (m/w)*
Alles klar, oder?

Schlau gelöst

So sieht ein anspruchsvolles Stellengesuch aus –
kleiner Intelligenztest inklusive:

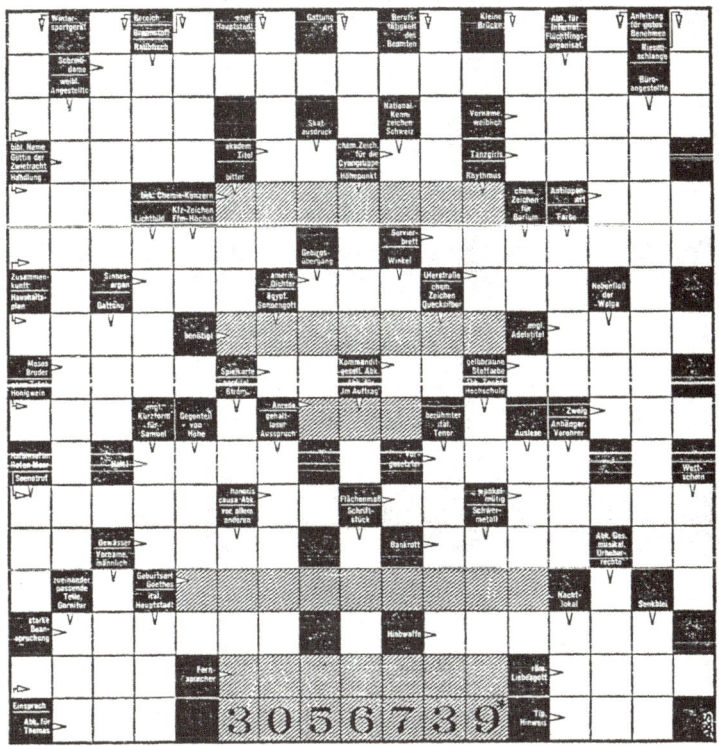

Wenn Sie eine gute Sekretärin,
Kontoristin oder Phonotypistin sind,
dann bietet sich Ihnen hier
die Lösung Ihrer beruflichen Zukunft.

*Oder senden Sie uns Ihre Bewerbung zu. Dann können wir uns schnell entscheiden.

Wohnst du noch ...

So lernt man gleich das ganze Portfolio der Firma kennen:

Bußgelder – und die besten Ausreden

Also, Blondsein zieht doch immer…

Wird der Verstoß zugegeben

☒ Ja

☐ Nein (Bitte Begründung angeben)

Tut mir leid. Er war zu spät und zu blöd (und blond bin ich auch was).

Die Deutschen, die Dichter und, na ja, Denker

Ich fuhr zu schnell, welch ein Schlamassel!
Mein Führerschein muss jetzt nach Kassel.
Für einen Monat welche Pein,
werd' ich jetzt ohne ihn hier sein.
Die Folge, das kann jeder sehen,
ich muss auf Schusters Rappen gehen.

Ich bitte Sie, lieber Herr Schröter:
Passen sie gut auf, damit ich später,
das heisst nach einem Monat dann
wieder Auto fahren kann.

Beizeiten schicken ihn zurück.
Perfekt ist dann mein Autofahrerglück.

Viele Grüße jetzt nach Kassel.
Nie wieder will ich solch' Schlamassel.

Auch ein Lob muss ab und zu mal sein

> P.S.
> unabhängig vom Ausgang
> dieses Verfahrens,
> möchte ich Ihnen eine
> positive Würdigung, (Lob)
> aussprechen über die
> äußerst humane Art die
> Verkehrssünder anzusprechen.
> Viele anderen könnten sich
> davon eine Scheibe
> abschneiden.
> Mit besten Grüßen

Was für ein Künstler

5. Angaben zur Sache

Wird der Verstoß zugegeben

☒ Ja

☐ Nein (Bitte Begründung angeben)

> Gnade ?

> Weilbach 13. 8. 03

Ort, Datum

Ganz richtig

Akt. 975
Bußgeldbescheid – erhalten am 07. 12. 2005

Sehr geehrter Herr S

ich erhebe Einspruch gegen diesen Bußgeldbescheid.

Begründung:
1. Es war mitten in der Nacht gegen 00:54
    Die Verkehrsschilder waren unbeleuchtet
    Sie tauchen aus dem Dunkel auf, um sofort wieder zu verschwinden!
    Wie lange sind sie erkennbar? 1 Sekunde oder 2 Sekunden
    Diese Zeitspanne ist viel zu kurz um sie   1. zu erkennen
                                              2. zu verarbeiten
                                              3. zu reagieren

Bestrafungsvorschlag

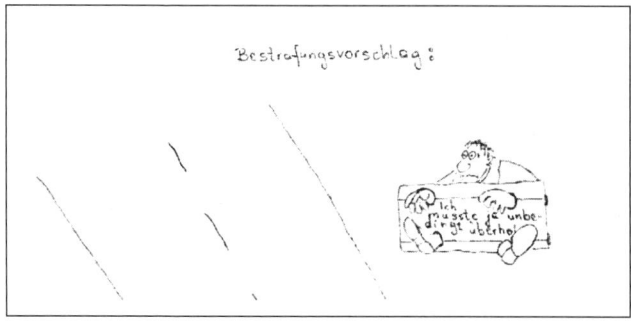

Das schwarze Schaf

Herrlich ehrlich

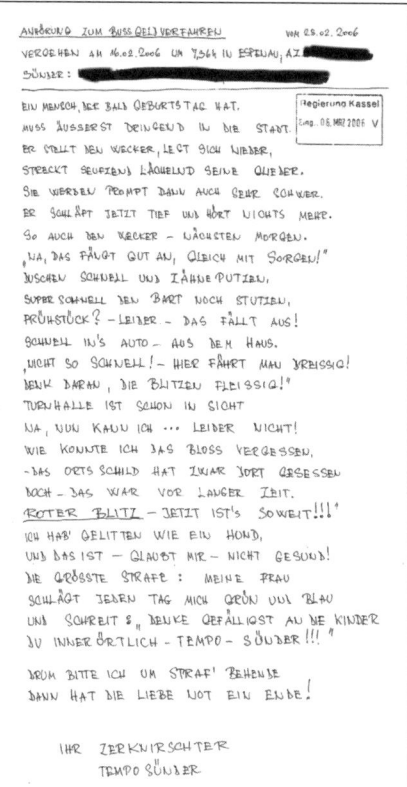

Antwort des Beamten

Es tut mir leid und fällt mir schwer, doch klagen helfen hier nichts mehr.
Ein Bußgeld hab' ich nun erteilt, weil sie sich haben so beeilt.
Ich muss auf den Spuren des Gesetzes wandeln und soll hier jeden gleich behandeln.
Klingelt der Wecker etwas eher, beeilt man sich vielleicht auch nicht so sehr.
Denn wenn sie wieder etwas »flitzen«, fällt die Strafe höher aus beim nächsten Blitzen.
So sie nun mit diesem Vergehen im Zentralregister in Flensburg stehen.
Sind jedoch zwei Jahre – ohne weitere Zwischenfälle – vorbei,
ist Ihr »Konto« in Flensburg wieder sündenfrei.

Beamte müssen auch mal was zum Lachen haben

Hier ein paar Äußerungen von Betroffenen zum Hergang von Verkehrsunfällen:

Es regnete und es war kein Alkohol.

Ein Fußgänger kam plötzlich vom Bürgersteig ab und verschwand wortlos unter meinem Wagen.

Der Fußgänger hatte keine Ahnung, in welche Richtung er gehen sollte, also überfuhr ich ihn.

In einer Linkskurve geriet ich ins Schleudern, woraufhin mein Wagen einen Obststand streifte und ich – behindert durch die wild durcheinander-purzelnden Bananen, Orangen und Kürbisse – nach dem Umfahren eines Briefkastens auf die andere Straßenseite geriet, dort gegen einen Baum prallte und schließlich – zusammen mit zwei parkenden Pkws – den Hang hinunterrutschte. Danach verlor ich bedauerlicherweise die Herrschaft über mein Auto.

Ich habe noch nie Fahrerflucht begangen; im Gegenteil, ich musste immer weggetragen werden.

In hohem Tempo näherte sich mir die Telegrafen-stange. Ich schlug einen Zickzackkurs ein, aber dennoch traf sie mein Auto am Kühler.

Das ist mir nicht bewusst, soweit ich mir erinnern kann, habe ich mir den Verkehr angepasst.

Das vorausfahrende Fahrzeug bremste korrupt ab. Ich bin ferner mit meinen Nerven am Ende und habe mit einer schweren Kastritis zu tun.

Ich wollte den Wagen abbremsen. Ich habe gekämpft, so gut ich nur konnte, aber es half nichts.

So prallte ich gegen die Zaunmauer und wurde bewusstlos. Aus war es mit meiner Gesinnung.

Außerdem bin ich vor meinem ersten Unfall und nach meinem letzten unfallfrei gefahren.

Heute schreibe ich zum ersten und letzten Mal. Wenn Sie nicht antworten, schreibe ich gleich wieder.

Die Polizisten, die den Unfall aufnahmen, bekamen von der Braut alles gezeigt, was sie sehen wollten.

Ich habe Schmerzen bei jedem Fehltritt.

Mein verletzter Mann schwebt in größter Lebensgefahr, denn er befindet sich bei Dr. med. S. in ärztlicher Behandlung.

Der Unfall wurde polizeilich aufgenommen, wobei an Ort und Stelle meine Unschuld einwandfrei erwiesen wurde.

Aus dem Ermittlungsbericht eines Polizeibeamten

»Auf Vorladung erscheint der Schäferhund Bello Spitzohr. Geboren am 1. April 1984 in Frankfurt/Main, Beruf: Beifahrer, und macht nach Belehrung folgende Aussage: ›Wau wau, Wu Wu, Wau Wau Wau, Grrrr-Grrr.‹ Weitere Angaben wollte er nicht machen.«

»Obwohl auf dem Foto eine männliche Person abgebildet ist, fragte der Betroffene: ›Kennen Sie meine Mutter?‹«

Der Reim – des Deutschen liebstes Kind

Im Außendienst, da hat man's schwer,
da fährt man hin, da fährt man her.
Kaum geparkt — muss man schon starten,
die Zeit, die eilt, die Kunden warten.
Ich fuhr nach Haus zu Frau und Kind,
doch leider etwas zu geschwind.
Bei Oberbiel, da hat's geblitzt,
der Polizist, der lacht verschmitzt.
Sie schnappte zu, die Radarfalle,
die Dummen werden niemals alle.
Mea culpa — meine Schuld,
erbitte Milde und Geduld.
In Flensburg bin ich unbekannt,
noch nie ein Punkt ich mein genannt.
Einhundertzwölfe — oh, du Schreck,
der Führerschein ist zwar nicht weg,
doch werd ich künftig in mich geh'n
und besser auf den Tacho seh'n.
Und die Moral von der Geschicht:
Geschwindigkeit nicht überschreite,
sonst bist du irgendwann mal pleite!

... und noch ein Gedicht

Freidaach de Dreizehnte!

Es war Freidaach de Dreizehnte,
wie könnt's annerst sei,
da fahr ich alter Simbel
in eure Radarfall enoi.
Es Wetter war herrlich,
ich fahr wie geschmiert,
und dann kam de Blitz,
und da war's schon passiert.
Vor mir war alles frei,
weit hinner mir nur en Laster.
Macht's gnädig ihr Leut,
ich hab net viel Zaster.

Jugendkauderwelsch

Haben Sie schon mal einen *Niveaulimbo* getanzt? Oder kennen Sie eine *Speckbarbie*? Haben Sie jemals ein *Arschfax* versendet? Oder sind Sie etwa ein *Egosurfer*?

Kleines Glossar: Jugendkauderwelsch – Deutsch

- Eine *Änderungsfleischerei* ist eine Klinik für Schönheitschirurgie.

- Das *Arschfax* bezeichnet das Unterhosenetikett, das aus der Hose hängt.

- *Egosurfer* sind Leute, die sich selbst im Internet über Suchmaschinen suchen.

- Der *Hochleistungs-Chiller* ist eine extrem faule Person.

- Die *Klappkaribik* ist eine Sonnenbank.

- Der *Niveaulimbo* ist kein Tanz, sondern bezeichnet das ständige Absinken des Niveaus.

- Ein *Schnitzelhusten* ist die Schweinegrippe.

- Und eine *Speckbarbie* ist ein aufgemotztes Mädchen in viel zu enger Kleidung.

- Mit einer *Hacktablette* ist ein Cheeseburger gemeint.

- Ein *Baumkuschler* ist kein Waldorfschüler, sondern ein umweltbewusster Mensch (ein Öko).

- *Château Migraine* ist ein billiger Wein, der am nächsten Tag zu extrem schlimmen Kopfschmerzen führt.

- Ein *Dreckmagnet* ist ein kleines Kind.

- Der *Eierkocher* meint den Whirlpool, weil es dort heiß ist und so schön sprudelt.

- Ein *Gourmetröllchen* ist die ungeliebte Speckrolle am Bauch.

- Zum *Knuspergemüse* werden Chips.

- Eine *Mandelspülung* verschreibt nicht der Arzt, sondern ist ein feuchter Zungenkuss.

- Beim *Mitmeißeln* wird im Unterricht schön mitgeschrieben.

- *Würfelhusten* hat man, wenn man sich übergeben muss.

- Ein *Zornröschen* ist ein zickiges, beleidigtes Mädchen.

- Ein *Vitaminallergiker* ernährt sich ausschließlich von Fast Food.

- Der *Sprachfasching* ist ein lustiger Versprecher.

- Die *Zweitwohnung* oder Damenhandtasche trägt man mit sich herum.

- *Rentnerbravo* wird die *Apotheken Umschau* genannt.

- Der *Pressbär* ist ein Bodybuilder.

- Eine *Handlampe* ist ein anderes Wort für Vollidiot.

- Als *Deoroller* bezeichnet man einen Glatzkopf.

- Ein *Flauschomat* ist die gemeine Hauskatze.

- Ein *Crossi* ist eine Person mit braun gebrannter, ledriger Haut.

- Ein *Mumienschieber* ist eine Gehhilfe für ältere Mitmenschen.

- Eine kleine Frau nennen die Teenies *Standgebläse.*

- Und wenn einer so gar keine Lust hat und rumgammelt, dann *hartzt* er.

Alles klar?

Bauer sucht Frau

Die dümmsten Bauern ernten bekanntlich die dicksten Kartoffeln. Vielleicht ist das ja in der Liebe genauso – mit den dümmsten Sprüchen scheinen sich die Bauern der beliebten TV-Datingshow jedenfalls die größten Chancen bei ihren Herzdamen auszurechnen …

Martin:	»Meiner Mutter hat es gestern Abend sehr gut gefallen. Ich glaube auch, wir passen gut zusammen.«
Johannes:	»Ich war heute früh sehr überrascht, dass ich die Anja bei mir im Flur getroffen habe.«
Johannes:	»Technomusik? Ist das net das Zeug, wo die da so rummachen? Sin das net die mit denne abgesägte Finger, die immer ›Öh, öh, öh‹ machen?«
Gerhard:	»Dass Sigrun gekommen ist, freut mich sehr. Aber dass Sigrun mich so umarmt hat, ist gewöhnungsbedürftig. Man muss sich an ihr Temperament gewöhnen, so etwas kannte ich bisher nicht.«
Rosi zu Willy:	»Mensch Willy, warum machst du denn nicht jeden Tag sauber? Meine Mistgabel hat sich praktisch erschreckt vor dem Mist, der da unten drunter (unter den Kühen) lag … Mir tun die Tiere wirklich leid.«
Martin:	»Ich hätte nicht gedacht, dass Jennifer die Kühe so nimmt.«
Johannes:	»Die Anja kann man gebrauchen. Die packt mit an und sie hat Spaß dabei.«
Volker:	»Ich bin tierisch aufgeregt. Ich werde wahnsinnig. Ich kann fast gar nicht mehr laufen, ich habe ganz weiche Knie.«
Willy:	»Als ich auf die Rosi gewartet habe, war ich natürlich aufgeregt. Wie nach zwölf Tassen starkem Kaffee.«
Narumol:	»Ich bin fick und fertig.«
Narumol:	»Ik kämpfe durch.«

Die Katzenberger

Daniela Katzenberger hat die steilste TV-Karriere der letzten Jahre hingelegt. Geschafft hat sie dieses mit blondem Haar, verirrten Augenbrauen, zwei schlagenden Argumenten und einer großen Klappe.
Hier die besten Sprüche der Katze:

»Bis jetzt habe ich ja immer gesagt, dass ich für niemanden koche, weil ich niemanden so sehr hasse.«

»Danke, dass ihr alle so gesund erschienen seid. Ich hoffe, es bleibt so.«

»Ist der Magen erst ruiniert, lässt sich´s reihern ungeniert.«

»Zum Glück hatte niemand Lebensmittelauswurf.«

»Judith und Mel sind halt wie eingefrorene Pizza. Die werden nicht alt.«

»Also, der Jürgen ist wie ein Tiefkühl-Wassereis. Der verändert sich weder in der Form noch in der Farbe. Der bleibt einfach so.« (über Jürgen Drews)

»Der Fabian guckt immer ein wenig,
als hätte er einen Furz im Bauch.«

»Die machen immer so Vorspeisen, bei denen ich denke:
Wo ist der Rest? Ich bin eine Pfälzerin, Mädel, ich muss
doch was essen. Ich bin doch keine Laborratte.«

»Hier hängt ein Poster von mir. Weil ich blond bin und
meistens vergesse, wie ich aussehe.«

»Ein Rührei ist ein zerrührtes Spiegelei.«

»Geeister Melonensalat? Die meinen wohl nicht
Geistermelonensalat? Seit wann schreibt man denn
Geister mit zwei e?«

»Ziegencreme ... Ist das 'ne Creme, um Ziegen
einzuschmieren?«

»Mir wird immer zuerst an den Brüsten heiß.«

»Ich bin die natürlichste unnatürlichste Blondine der Welt.«

»In meinem Körper steckt mehr Geld als auf meinem
Bankkonto.«

»Drogen machen bescheuert, Alkohol blöd und
Nikotin hässlich. Sollen andere Leute ihr Geld doch für
Zigaretten ausgeben – ich kauf mir lieber eine neue
Haarfarbe oder ´nen tollen Busen.«

»Ich seh vielleicht aus wie ein Zirkusaffe,
bin aber keiner ...«

»Mein Aussehen ist mein Kapital. Wenn ich heute ´ne
Friteuse ins Gesicht kriege, dann isses damit vorbei.«

»An mir sind nur die Kniescheiben echt.«

»Ich seh ja schon so aus – sagen wir mal: preiswert,
wobei die Grenze zu billig aus dünnem Eis besteht.«

»Ich bin sehr eitel. Auf einer Skala von 1 bis 10
gebe ich mir ´ne 12.«

»Wenn ich mir irgendwo die Nase aufschlag und die
wächst schief zusammen, dann ist alles am Arsch – also
sie ist dann schon noch im Gesicht.«

»Sei schlau, stell dich dumm!«

»Ich hab noch mehr drauf außer Schminke.«

»Außen Barbie, innen Einstein.«

»Was man nicht im Kopf hat,
muss man im Körbchen haben.«

»Ich sag jetzt net, ich bin blond und blöd,
aber ich brauch halt länger.«

»Wenn ich so wäre, wie ich aussehe, hätte ich ja kaum
mehr Hirnzellen wie ein Toastbrot.«

»Ich werde nie einen Intelligenztest machen,
so schlau bin ich auch.«

Im rosa Fummel bei einem Fotoshooting:
»Ich seh aus wie ´ne Transe im Abendkleid.«

Nachdem ihre Schminke verlaufen war:
»Meine Schminke – ich seh aus wie Alice Cooper!«

Vor ihrer Brust-OP trug sie zwei Push-up-BHs
übereinander: »Ich kann zwar keine Löffel verbiegen,
aber ich bin der Uri Geller der Busen-Tricks!«

»Ein Mann muss mich auf Händen tragen, er muss
mich auf Rosen betten – aber mich auch in 'nen Kaktus
schmeißen können, wenn's ihm zu bunt wird.«

»Ich bin ja belagert wie eine Bahnhofshalle.«

»Meine Mutter schlägt mir einen auf die Backe,
bis die Schminke bröckelt.«

»Ich bin absolut künstlich, unnatürlich,
aber dafür verstelle ich mich nicht.«

»Ich bin nicht selbstverliebt,
ich sehe mich nur einfach gern.«

»Wenn ich neben gut aussehen auch noch kochen
könnte, dann wär ich ja 'ne Traumfrau.«

»Ich bin eine leicht bekloppte Blondine mit 'nem
Pippi-Langstrumpf-Syndrom.«

»Manchmal glaub ich, ich bin genauso wie meine Zähne:
ein bisschen schräg, aber total echt und rein.«

*»Ich bin der Meinung, ich sollte mich vermehren.
So was wie ich darf net aussterben.«*

---

*»Ich bin ein Arbeitsschwein,
habe mir jede einzelne Kurve erkellnert.«*

---

*Ihr Dekolleté bezeichnet Daniela als »Trinkgeldschlitz«.
(Je tiefer das ist, desto mehr Trinkgeld gibt´s).*

---

*Beim Videodreh mit Loona: »Da muss man sich ja
wirklich den Arsch aufreißen – bis ins Genick!«*

---

*»Ich hab halt auch net damit gerechnet, dass man auf
Mallorca so viel Spanisch reden muss.«*

---

*»Wer sich eine Bratwurst brät,
braucht ein Bratwurstbratgerät.«*

---

*»Ist der Schlübber bunt und grell,
läuft´s mit der Arbeit net so schnell.«*

»Wie heißt das, wenn man so tanzt? Geografie – genau!«

---

*Regieanweisung für ihr Songvideo: »Die Performance
sollte selbstsicher, aber nicht arrogant sein.«*

*»Wo ist denn da der Unterschied?
Brust raus, Arsch rein?«*

*Die nächste Anweisung:
»Versetze dich in die Rolle deines Alter Egos.«*

»Egos ist doch ein Männername!«

---

*»Das Leben ist wie ein Schlübber.
Entweder er sitzt oder er ist beschissen.«*

---

*»Du musst erst Scheiße fressen,
bevor du Sahne auf den Teller kriegst!«*

---

*»Man muss halt manchmal lachen,
auch wenn man Bock hat zu kotzen.«*

»Wer gut schminkt, braucht weniger Schlaf.«

---

*»Im Leben zählen die inneren Werte.
Also auch Silikon.«*

---

*»Katzenberger kann den Leuten ja auch mal zu viel
werden. Das ist doch wie mit zu viel Pizza – irgendwann
wird dir davon schlecht und du willst nur noch kotzen.«*

Gesetz ist Gesetz – Alberne Vorschriften

Es gibt schon seltsame Vorschriften, Regeln, Gesetze. Wer schreibt so was? Und wer soll es verstehen? Hier ein paar Beispiele, wie viele Köche den Brei verderben.

Ausfuhrbestimmungen sind Erklärungen zu den Erklärungen, mit denen man eine Erklärung erklärt.

Protokoll im Wirtschaftsministerium

Der Wertsack ist ein Beutel, der aufgrund seiner besonderen Verwendung nicht Wertbeutel, sondern Wertsack genannt wird, weil sein Inhalt aus mehreren Wertbeuteln besteht, die in den Wertsack nicht verbeutelt, sondern versackt werden.

Merkblatt der Deutschen Bundespost

Die Fürsorge umfasst den lebenden Menschen einschließlich der Abwicklung des gelebt habenden Menschen.

Vorschrift Kriegsgräberfürsorge

Persönliche Angaben zum Antrag sind freiwillig. Allerdings kann der Antrag ohne die persönlichen Angaben nicht weiterbearbeitet werden.

Formular des Postgirodienstes

Auf Brücken darf nicht im Gleichschritt marschiert werden. (Einsturzgefahr!)

§ 27 der deutschen Straßenverkehrsordnung

Aus dem Bürgerlichen Gesetzbuch:
Heiraten in Deutschland oder eben nicht

Aufhebung der Ehe

§ 1314 Aufhebungsgründe

(1) Eine Ehe kann aufgehoben werden, wenn sie entgegen den Vorschriften der §§ 1303, 1304, 1306, 1307, 1311 geschlossen worden ist.

(2) Eine Ehe kann ferner aufgehoben werden, wenn

1. ein Ehegatte sich bei der Eheschließung im Zustande der Bewusstlosigkeit oder vorübergehender Störung der Geistesfähigkeit befand;

2. ein Ehegatte bei der Eheschließung nicht gewusst hat, dass es sich um eine Eheschließung handelt;

3. ein Ehegatte zur Eingehung der Ehe durch arglistige Täuschung über solche Umstände bestimmt worden ist, die ihn bei Kenntnis der Sachlage und bei richtiger Würdigung des Wesens der Ehe von der Eingehung der Ehe abgehalten hätten; dies gilt nicht, wenn die Täuschung Vermögensverhältnisse betrifft oder von einem Dritten ohne Wissen des anderen Ehegatten verübt worden ist.

Aus dem Strafgesetzbuch: Verbotene Substanzen

§ 328 Unerlaubter Umgang mit radioaktiven Stoffen und anderen gefährlichen Stoffen und Gütern

(1) Mit Freiheitsstrafe bis zu fünf Jahren oder mit Geldstrafe wird bestraft ... wer eine nukleare Explosion verursacht.

Betäubungsmittelgesetz

§ 3 Erlaubnis zum Verkehr mit Betäubungsmitteln

(1) Einer Erlaubnis des Bundesinstitutes für Arzneimittel und Medizinprodukte bedarf, wer

1. Betäubungsmittel anbauen, herstellen, mit ihnen Handel treiben, sie, ohne mit ihnen Handel zu treiben, einführen, ausführen, abgeben, veräußern, sonst in den Verkehr bringen, erwerben oder

2. ausgenommene Zubereitungen (§ 2 Abs. 1 Nr. 3) herstellen will.

Immerhin – der Konsum scheint nicht verboten!

Dumm gelaufen

Was soll man dazu sagen. So ist das Leben! Shit happens.

Männlein oder Weiblein?

Ich chatte mit einem Jungen, den ich mittlerweile schon seit vier Jahren kenne. Leider habe ich ihn noch nie gesehen. Trotzdem habe ich mich schon zweimal in ihn verliebt. Diesen Herbst wollte er mich nun besuchen, gestern hat er mir allerdings gebeichtet, dass er in Wirklichkeit eine Frau ist.

Beunruhigend

Heute bemerkte ich, dass ich mein, äh, Ding nicht mehr sehen kann, weil ich etwas zu fett geworden bin.

Gold wert

Ich habe herausgefunden, dass mein Bruder Bikini-Fotos von mir für World-of-Warcraft-Gold verkauft.

Keine Panik

Heute beichtete mir meine Freundin, dass sie schwanger sei. Als ich kurz davor war auszuflippen, sagte sie nur trocken: »Keine Sorge, ist nicht deins.«

Nur zu Demonstrationszwecken

Heute musste ich eine Präsentation halten über die Gefahren des Alkohols, mein Präsentationspartner kam sturzbetrunken zum Vortrag.

Daraus wird nichts!

Ich habe endlich mein Wii Fit bekommen. Damit wollte ich ein bisschen abnehmen und musste feststellen, dass ich das Ding gar nicht benutzen kann, da ich zu schwer bin.

Allein darauf kommt es an

Nach acht langen Monaten habe ich meinen Freund nun zum ersten Mal wiedergesehen. In dieser Zeit habe ich ziemlich viel abgenommen, was auch deutlich sichtbar ist. Komischerweise hat er die ganze Zeit nichts dazu gesagt, bis ich mich umgezogen habe. Da fragte er mich doch tatsächlich: »Sind deine Brüste kleiner geworden?«

Ruckediguh, Blut ist im Schuh

Während unserer kirchlichen Trauung hat meine Frau ihre Periode bekommen. Wie ich das herausfand? Wie alle anderen auch...

Namensgeber

Die Mutter eines Freundes hat einen neuen Kuchen erfunden und ihn nach mir benannt – nicht, weil er so lecker ist, sondern weil er so viel Fett enthält.

Top, die Wette gilt

Heute musste ich mein Auto abgeben. Ich habe wegen Paul, dem Tintenfisch, meine WM-Wette verloren. Ich habe gewettet, dass Deutschland Spanien schlägt.

Sieh mal einer an!

Anlässlich meines Junggesellenabschieds war ich mit meinen Freunden heute in einem Strip-Club. Ich war das erste Mal in so einem Club und fand heraus, wie meine Freundin sich am Feierabend noch etwas dazuverdient.

Das bin nicht ich!

Als ich vorhin in den Spiegel schaute, ereilte mich der Schock meines Lebens. Mein Sohn hat, während ich schlief, den Rasierapparat benutzt und meinen Kopf kahl rasiert.

Erwischt

Ich habe herausgefunden, dass meine Freundin schwanger ist, und mich entschieden, mit ihr Schluss zu machen. Weshalb? Wir sind Lesben!

Best of Dr. Sommer

»Hey, Dr. Sommer, ich hab da ein Problem ...« Seit 1969 hilft Dr. Sommer bei allen Sorgen der Teenies! Hier findest du alles, was du schon immer wissen wolltest, aber nie zu fragen gewagt hast.

LISA, 15: Lieber Dr. Sommer, ich möchte zum ersten Mal mit meinem Freund schlafen. Meine Freundin hat mir gesagt, dass dabei das Jungfernhäutchen platzt. Nun habe ich Angst, dass meine Eltern von dem Knall wach werden und uns erwischen!

Ein großes Problem, denn den Jungfernknall kann man tatsächlich nur schwerlich geheim halten.

BÄRBEL, 14: Im Fernsehen habe ich einen Bericht über Aids gesehen. Darin hieß es, dass Aids eine reine Menschenkrankheit ist. Aber könnte es nicht sein, dass man die Krankheit zum Beispiel durch einen Hund bekommt, wenn der das Virus aufgeschnappt hat?

Mit 14 Jahren sollte doch normaler Sex genügen?! – Also, Finger weg vom Hund!

TINA, 15: Ich habe schreckliche Angst davor, zum Frauenarzt zu gehen. Wenn ich nämlich aufgeregt bin, muss ich immer gleich aufs Klo. Ich kann mir vorstellen, dass mir das bestimmt passiert, wenn ich auf diesem Untersuchungsstuhl sitze. Was sollte ich also in dieser Situation tun?

Dafür ist der Frauenarzt ja da. Rede darüber!

JESSICA, 15: Ich habe seit einem halben Jahr einen Freund, und allmählich wollen wir auch miteinander schlafen. Doch da gibt es ein Problem, das mich sehr bedrückt. Als ich nämlich mit meiner Freundin darüber sprach, sagte sie, dass sich der Körper nach dem ersten Mal nicht weiterentwickeln würde. Davor habe ich Angst, denn meine Figur ist noch sehr kindlich. Wenn das stimmt, würde es auch meine Mutter merken. Das will ich auf gar keinen Fall.

Wahnsinn, du hast den Jungbrunnen gefunden.

CARMEN, 17: Vor acht Monaten schlief ich zum ersten Mal mit meinem Freund. Aber ich habe noch nie einen Orgasmus erlebt. Ich hatte zwar oft ein super Gefühl, aber ich war noch nie so richtig high. Manche Mädchen schreien doch dabei, verlieren sogar sekundenlang das Bewusstsein. Oder ist das nicht die Norm?

Bewusstlosigkeit beim Sex? – Andere nennen es Einschlafen.

MICHI, 13: Ich habe etwas Komisches an mir entdeckt und weiß nicht, ob es in Ordnung ist. Vor Kurzem habe ich versucht, mich selbst zu befriedigen. Dabei hüpfte mein Penis im steifen Zustand eine ganze Weile von selbst auf und ab. Dann kam eine wässrige Flüssigkeit heraus. War das ein Samenerguss? Und wieso bewegt sich mein Penis von selbst?

Michi, er nickt doch nur, weil er es super findet!

JULIA, 15: Als ich jetzt zum ersten Mal mit meinem Freund schlief, hatte ich gerade meine Regel. Vor lauter Aufregung vergaß ich, dass ich noch einen Tampon in der Scheide hatte. Ich merkte es erst, als er in mich eindringen wollte. Mir war das so peinlich, dass ich nichts sagte. Mein Freund schob mit seinem Penis den Tampon immer tiefer in meine Scheide. Da bekam ich es doch mit der Angst zu tun und wir hörten auf. Ich habe dann krampfhaft versucht, den Tampon rauszubekommen, aber es klappte nicht. Ich muss wohl zum Frauenarzt. Aber wie kriegt der den Tampon heraus?

Aufschneiden natürlich.

SUSI, 14: Mein Freund (14) ist total süß und lieb. Wir sind sehr offen zueinander und reden über alles. Wir haben schon viel ausprobiert. Zum Beispiel berühren wir uns überall. Manchmal liegen wir auch ausgezogen übereinander und bewegen uns wie beim Geschlechtsverkehr. Das geht oft so lange, bis mein Freund einen Samenerguss bekommt. Ich habe manchmal ein bisschen Angst, denn ich habe ja auch schon meine Regel. Richtig tun wollen wir es aber erst so mit 16 oder 17 Jahren. Jetzt würde uns interessieren, ob das okay oder in unserem Alter irgendwie schädlich ist.

Sehr vernünftig, ich würde es an eurer Stelle auch noch nicht tun, man wächst nicht mehr, kann bewusstlos werden und kriegt einen Buckel. Hat euch das noch keiner erzählt?

EMMA, 12: Mich beschäftigt eine Frage zum Thema Aids. Die Jungs und Mädchen in meiner Klasse trinken manchmal aus demselben Glas oder der gleichen Flasche. Kann man sich dadurch nicht auch anstecken? Und wie ist das beim Küssen?

Haben deine Mitschüler echt alle Aids? Bist du etwa in einer Schule für Frühreife? Mein Tipp: Sollte es bei dir noch nicht zu spät sein, wechsle sofort die Schule!

LARA, 13: Aus meiner Scheide hängen zwei dicke Hautlappen heraus. Ich kann mir nicht vorstellen, dass das normal ist. Bei meiner Freundin, die ich schon mal nackt gesehen habe, ist mir das nicht aufgefallen. Ich habe Angst, dass ich Probleme bekomme, wenn ich später mal mit einem Jungen schlafen will. Tampons kriege ich auch nicht in meine Scheide. Ich habe es schon ein paarmal vergeblich versucht. Kann ein Arzt so was operieren?

Tampons kommen längs rein und immer nur einer!

STEFFI, 14: Ich habe gelesen, dass Mädchen während des Orgasmus mit dem Unterleib etwas zucken. Bei mir ist es so, wenn ich mich ganz intensiv streichle, dass mir dann nach einiger Zeit im Gesicht total heiß wird. Und im Unterleib habe ich dann das Gefühl, dass sich die Scheidenmuskeln zusammenziehen. Ist das schon der Orgasmus?

Das hört sich bei dir eher wie Fieber mit Schüttelfrost an.

HEIKE, 15: Ich habe einen Freund, mit dem ich auch regelmäßig schlafe. Ich nehme die Pille, er zusätzlich ein Kondom. Wir haben aber ein Problem dabei. Weil der Penis meines Freundes recht groß und dick ist, hat er Schmerzen beim Geschlechtsverkehr. Das Kondom ist nämlich zu eng und passt auch nicht in der Länge. Es ist schon passiert, dass das Kondom geplatzt ist. Bei der Anwendung machen wir bestimmt nichts falsch. Gibt es Kondome in Sondergrößen?

Vielleicht sollte dein Freund das nächste Mal erst mit den Füßen in das Kondom steigen und nicht wie sonst mit dem Kopf voran.

LUCI, 15: In meiner Clique reden die Mädchen viel über Sex. Kürzlich haben sie sich darüber unterhalten, dass man einen Orgasmus vortäuschen kann. Aber keine hat genau gewusst, wie man das macht. Können Sie es uns sagen?

Es gibt da bestimmt Volkshochschulkurse, oder frag mal deine Mutter.

HELEN, 14: Ich bin sehr gespannt auf mein erstes Mal. Aber ich habe panische Angst vor einer ungewollten Schwangerschaft. Die Pille möchte ich noch nicht nehmen. Also bleibt das Kondom. Kann man nicht zwei oder drei Kondome übereinanderziehen, damit nichts danebengeht? Meine Freundin sagt jedoch, dass dann der Penis nicht mehr in die Scheide passt. Stimmt das?

Klar kann man mehrere Kondome übereinanderziehen – wenn es regnet, zieh ich auch zwei Paar Gummistiefel übereinander an.

MARC, 15: Seit längerer Zeit habe ich gelbliche Pickel am Penis. Wenn ich sie aufdrücke, kommt ein eitriges Zeug heraus, das eklig riecht. Kann das vielleicht davon kommen, dass ich fast täglich onaniere? Ich kriege dann nämlich schon nach ein paar Sekunden einen Orgasmus. Ein Freund von mir sagt, das seien sogenannte Orgasmuspickel, ich müsse auf jeden Fall zum Arzt gehen. Davor habe ich aber schreckliche Angst.

ORGASMUSPICKEL? Ab und zu waschen würde auch helfen.

JEANETTE, 12: Mit meiner Freundin habe ich neulich über Selbstbefriedigung gesprochen. Zu Hause versuchte ich nachzumachen, worüber wir gesprochen hatten und woran ich mich erinnern konnte. Ich hatte schnell so ein komisches Gefühl in der Scheide. Als ich weitermachte, wurde dieses Gefühl stärker, ich musste unwillkürlich dabei stöhnen. Und auf einmal zuckte ich zusammen. Dann war alles vorbei. War das wirklich ein Orgasmus oder nur Einbildung?

Hättest du dir was zum Schreiben oder ein Diktiergerät zu deiner Freundin mitgenommen, hättest du sicher noch mehr probieren können, und zusammengezuckt bist du nur, weil du dich erschrocken hast, als deine Eltern plötzlich in deinem Zimmer standen.

STEFAN, 15: Meine Kopf- und Achselhaare sind dunkelbraun. Meine Schambehaarung ist jedoch hellgrau. Das ist mir ziemlich peinlich. Beim Duschen wurde ich schon ausgelacht. Soll ich mir die Schamhaare färben?

Schon wieder? Welche Farbe soll es denn jetzt sein? Hellgrau ist doch chic!

THOMAS, 15: Ich habe noch keinen Geschlechtsverkehr gehabt und möchte deshalb wissen, wie das so abläuft. Tut es auch dem Jungen weh, wenn er zum ersten Mal mit einem Mädchen schläft? Ist es schwer, das Jungfernhäutchen zu durchstoßen? Sollte der Junge besser versuchen, dem Mädchen zuerst mit den Fingern in die Scheide zu gehen? Wie ist das eigentlich, verwendet das Mädchen nach dem ersten Mal einen größeren Tampon?

Also, es ist schon eine ganz schöne Kraftanstrengung, das Jungfernhäutchen zu durchstoßen, würde Mann sonst stöhnen? Größere Tampons nach dem ersten Mal? – Sicher, sicher.

MANDY, 16: Ich möchte bald mit meinem Freund schlafen. Doch mich irritiert sein Penis. Denn beim Petting habe ich gesehen, dass sein erigierter Penis senkrecht in die Höhe steht. Seine Eichel berührt dann fast den Bauchnabel. Er steht ganz fest und lässt sich nicht bewegen. Ist das normal?

Keine Angst, alles im grünen Bereich. Das ist bei jedem so. Der Penis neigt sich mit zunehmendem Alter immer mehr. Deswegen hängt er bei älteren Männern auch und es geht gar nichts mehr ohne blaue Pille. In jungen Jahren liegt er aber so dicht am Bauch an, damit der Verkehr unmöglich wird. Dies ist so eine Art Sicherung gegen unbefugtes Benutzen. Du musst also noch ein Weilchen warten, bis der Penis deines Freundes den richtigen Winkel erreicht hat.

JENNY, 15: Mir ist was Schlimmes passiert. Ich habe mit meinem Freund während meiner Tage geschlafen. Denn er sagte, der Tampon sei ein gutes Verhütungsmittel, weil er das Sperma aufsauge. Doch hinterher fand ich den Rückholfaden des Tampons nicht mehr. Der Tampon ist noch immer in meiner Scheide! Ich weiß nicht, was ich tun soll. Mein Freund sagt, ihn gehe das nichts an.

Der Tampon scheint ein größeres Problem bei Mädchen zu sein. Also, noch einmal: nicht das Ende mit dem Faden zuerst rein, sondern andersherum. Kleiner Tipp: Ihr könnt zum Beispiel auch ein kleines Plüschtier an das Ende des Fadens knoten, dann kann er nicht mehr verschwinden.

VRONI, 16: Ich habe mir die Schamhaare, die aus dem Slip herausschauten, abrasiert. Jetzt habe ich dort rote Pickel bekommen, die auch jucken. Ich creme die Stelle täglich ein, doch es nützt nichts. Zum Arzt zu gehen ist mir eigentlich peinlich. Vielleicht können Sie mir etwas gegen diese Pickel empfehlen?

Finger weg von Papas Rasierer.

PAUL, 15: Meine Freundin ist 14 Jahre alt. Beim Petting kommt sie schnell und sehr stark. Wenn sie dann nach dem Orgasmus aufsteht und sich anziehen will, wird ihr oft schwindelig. Einmal ist sie sogar richtig zusammengeklappt. Kommt das bei anderen Mädchen auch vor?

Wow, du musst ja ein richtiger Hengst sein, und das schon mit 15 Jahren ...

RONNY, 15: Wenn mein Penis steif ist, biegt er sich relativ stark nach links, etwa um 17 Grad. Diese Krümmung ist auch zu sehen, wenn er schlaff ist. Kürzlich schauten ein paar Kumpels und ich heimlich einen Erotikfilm im Fernsehen an. Wir haben dann zusammen onaniert. Dabei sahen sie meinen Penis und lachten sich schief. Soll ich zum Urologen gehen? Was macht der? Wie kriegt er meinen Penis gerade?

Du brauchst keine Angst zu haben, der Urologe wird sich vielleicht auch schieflachen, aber er wird das Ding schon schaukeln ... ähm ... gerade biegen, mein ich!

ANJA, 15: Seit zwei Jahren habe ich meine Regel. Sie nervt mich total, denn ich kriege sie immer dann, wenn ich sie nicht brauchen kann. Egal, ob Ferien sind oder ich ins Schwimmbad gehen will, immer ist diese dumme Periode da. Jetzt meine Frage: Kann man die Regel stoppen? Das müsste doch gehen, wenn man die Eierstöcke entfernt. Aber kann man dann noch Sex haben? Kinder will ich keine, das weiß ich jetzt schon. Bitte, sagen Sie mir doch, was ich tun kann. Ich hasse meine Regel aus ganzem Herzen!

Hast du bei deiner Periode noch keine Regelmäßigkeit festgestellt? (So circa einmal im Monat?) Die Periode kann man nicht wie einen Newsletter abbestellen, sie ist eher wie ein Spam, nicht loszukriegen.

IRIS, 15: Mir ist was Blödes passiert. Für unser erstes Mal wollte ich meinen Freund mit etwas ganz Besonderem überraschen. Deshalb habe ich meine Schamlippen mit Lippenstift angemalt. Am anderen Morgen hatte ich an dieser Stelle einen Ausschlag, der nicht mehr weggeht. Das ist jetzt schon zwei Wochen her. Was soll ich tun?

Ganz klare Sache: den Hersteller des Lippenstifts verklagen. Wo Lippenstift draufsteht, da ist der Anwendungsbereich ganz klar definiert, und somit haftet er für Folgeschäden.

TILL, 16: Hilfe! Mein Penis ist im erregten Zustand gerade mal 10 Zentimeter lang. Das macht mich total fertig, sodass ich schon an Selbstmord gedacht habe. Kann ich durch eine Operation den Penis vergrößern lassen? Wer macht das? Und bezahlt die Kasse den Eingriff?

Also, für alle Jungs: Beim Messen das Lineal andersherum anlegen. Die Null sollte dabei die Bauchdecke berühren. Dann liest man an der Spitze des Glieds die Zahl ab (aber nicht mehr als 2 Zentimeter dazuschummeln).

BENEDIKT, 15: Immer nachdem ich mit meiner Freundin geschlafen habe, zuckt mein Penis noch gut zwei Stunden. In der Zeit kann ich nicht vor die Tür! Ich habe Angst, dass es jemand sieht und mich für ein Schwein hält. Was soll ich machen? Ist das normal?

Normalerweise schläft der Mann zwei Stunden nach dem Sex. Du machst etwas falsch, wenn du stattdessen fit wie ein Turnschuh bist und vor die Tür willst.

DORIS, 15: Meine Brust ist zwar schon gewachsen und hat eine normale Form erreicht, aber ich habe immer noch keine Brustwarzen, nicht mal kleine. Ich dachte immer, die werden schon noch wachsen. Doch seit ich ein 13-jähriges Mädchen nackt gesehen habe, bin ich richtig erschrocken. Bei ihr waren die Brustwarzen schon wie bei einer Frau ausgebildet, obwohl sie sehr kleine Brüste hatte. Was soll ich tun? Kann ich mich operieren lassen?

Bist du dir ganz sicher, dass du wirklich weißt, was Brustwarzen sind und wo sie sich befinden?

FELICITAS, 17: Ich bin total frustriert wegen meines Busens. Wenn man das bei mir überhaupt Busen nennen kann. Ich bin nämlich flach wie ein Brett. Ich dachte immer, er wächst noch, weil er eine Zeit lang auch ein bisschen wehgetan hat. Aber nichts passiert. Bis zu welchem Alter wächst der Busen normalerweise noch? Ab welchem Alter kann ich ihn operativ vergrößern lassen?

Lieber Felix, lass den Kopf nicht hängen, bei dir ist alles in Ordnung, soweit ich das anhand deines beigefügten Fotos beurteilen kann.

ALEXA, 16: Ich habe vor Kurzem zum ersten Mal mit meinem Freund geschlafen. In Sachen Verhütung konnten wir uns nicht einigen. Ich war für ein Kondom. Aber mein Freund meinte, wenn wir es »von hinten machen« würden, könnte nichts passieren. Stimmt das? Ich habe jetzt große Angst, schwanger zu sein.

Ich glaube, dein Freund hat recht, muss aber noch mal genauer in den Fachbüchern nachschauen und Kollegen um Rat fragen. Dadurch, dass ihr es von hinten macht, sind die Spermien so irritiert, dass sie den Weg nicht finden können. Ja, so muss es sein.

KARSTEN, 15: Ich glaube, ich muss bald zum Arzt. Auf meinem Penis habe ich nämlich ein paar kleine gelbe Bläschen. Sie tun nicht weh, aber ich habe kein gutes Gefühl dabei. Nun ist mein Problem, dass ich sehr leicht erregbar bin. Wenn ich beim Arzt während der Untersuchung ein steifes Glied bekäme, wäre mir das total peinlich. Vielleicht liegt es ja nur an der Hygiene. Wie wäscht man den Penis am besten?

Sind bestimmt auch nur Orgasmuspickel...

Meine Ticks

Und täglich grüßt das Murmeltier...

DAS IST EIN GANZ SCHLIMMER OHRWURM

Wenn ich nach einem Großeinkauf die vielen Waren in eine große Einkaufstüte packe, probiere ich, die Sachen lückenlos neben- und aufeinanderzustellen. Ich ertappe mich auch öfter dabei, wie ich dann halblaut die Tetris-Melodie summe.

EINE SUPPE IST DOCH LECKER

Ich trenne mein Essen immer, bevor ich es esse. Wenn auch nur eine Erbse im Reis ist, kriege ich fast Anfälle, und ich pule sogar Salate auseinander. Das ist inzwischen so schlimm, dass meine Frau fast nur noch Suppen kocht.

EINE FEINE SACHE, DIESES KOPFKINO

Kopfkino: Egal, wo ich bin – wenn ich mich an Dinge erinnere, die lustig waren, muss ich unwillkürlich grinsen.

WO IST DIE TOILETTE?

Ich kann mich erst schlafen legen, wenn ich mindestens drei- mal auf Toilette war. Auch bevor ich mit dem Flugzeug flie- ge, etwas Leckeres esse oder das Haus verlasse, muss ich mehrmals aufs stille Örtchen rennen. Meiner Meinung nach kann ich diverse Situationen nur mit einer entleerten Blase richtig genießen und mich nur dann vollkommen fühlen.

ES RAPPELT IN DER KISTE

Ich stehe oft im Supermarkt vor einem Regal und kann mich nicht entscheiden, ob ich jetzt zum Beispiel die Pizza mit Schinken oder die mit Salami nehmen soll. Also helfe ich mir mit einem Abzähl-vers: »Ene mene miste ...« Dieses Spiel spiele ich ganz unauffällig, sodass es hoffentlich keiner merkt. Meist bin ich dann doch nicht zufrieden mit dem Ergebnis und wiederhole das Ganze so oft, bis die Pizza, die ich eigentlich haben will, gewinnt. Das ganze Theater könnte ich mir also auch sparen, und trotzdem muss ich es ein-fach machen, sonst kann ich mich nicht entscheiden. Genauso ist es auch, wenn ich auf einer Speisekarte etwas auswählen soll.

SICHER IST SICHER

Wenn ich als Beifahrer mitfahre und der Fahrer schnell fährt oder spät abbremst, muss ich mit meinen Füßen im Fußraum des Beifahrersitzes so tun, als würde ich eben-falls bremsen.

AUF KEINEN FALL IN DER U-BAHN FESTHALTEN!

Egal, mit welchem öffentlichen Verkehrsmittel ich fahre: Wenn ich stehen muss, kann ich mich nirgends festhalten, weil ich mich vor den Griffen ekle. Man weiß ja nie, was für widerliche Hände da schon dran waren. Ich suche immer Stellen, an denen ich mich anlehnen kann. Notfalls hänge ich mich mit dem Arm bei einer Stange ein – aber nur, wenn ich etwas Langärmeliges trage! In der U-Bahn finde ich das am schlimmsten.
Das Öffnen der Türen ist auch ein Problem. Ich bevorzuge automa-tische Türen, die mit einem Knopfdruck aufgehen. Diesen Knopf fasse ich aber nie mit der Fingerspitze an. Ich hasse alte Züge, bei denen es noch Türgriffe gibt, die man fest drücken muss.

STINKTIER

Ich habe panische Angst davor, dass jemand meinen könnte, ich würde stinken. Ich könnte demjenigen nie wieder in die Augen schauen. Um mich immer wieder zu beruhigen und zu vergewissern, dass mein Deo noch hält, habe ich mir einige Ticks angewöhnt:

So tun, als würde mich mein T- Shirt hinter den Achseln jucken, um während des Kratzens kurz mit den Fingern unter die Achsel zu fahren und in einem unbeobachteten Moment daran zu schnuppern.

So oft wie möglich die Toilette besuchen, um das T- Shirt (Pulli oder Ähnliches) gründlich nach Stinkspuren abzuschnüffeln und die Achseln mit Toilettenpapier abzutrocknen, auch wenn es nicht nötig ist.

Nach dem Sportunterricht IMMER das Deo der Sitznachbarin oder Freundin benutzen, denn diese empfindet ihr eigenes Deo schließlich als wohlriechend. Meines Erachtens besteht man so am besten vor fremden Nasen und stinkt für andere nicht.

Beim längeren Sitzen immer auf den vorderen Stuhlrand rutschen und die Oberschenkel entlasten. Schließlich kann man auch da schwitzen.

Bei verräterischen Gerüchen immer wieder die Nase rümpfen und mehrmals schniefen, um den Mitmenschen zu verdeutlichen, dass nicht ich das Stinktier bin.

BRINGT DAS FASS ZUM ÜBERLAUFEN

Ich kriege es einfach nicht hin, einen ungeraden Betrag zu tanken. Wenn trotz Vorsicht doch plötzlich 30,01 Euro auf der Tanksäule angezeigt wird, muss ich weitertanken, bis 32,00 Euro erreicht sind. Zweimal ist mir bisher schon Sprit aus dem Tank gelaufen, weil ich nicht aufhören konnte und weitergetankt habe.

KLINGT ANSTRENGEND

Wenn ich allein mit dem Fahrrad unterwegs bin, konzentriere ich mich stets darauf, ausgebesserten oder nachträglich geteerten Stellen auf der Straße auszuweichen oder beim Überfahren dieser Flecken nicht in die Pedale zu treten. Mittlerweile muss ich meine Pedaltritte zwischen zwei Flecken sogar zählen und mein linkes Bein beim Überfahren eines Flecks gestreckt halten, das heißt, die linke Pedale muss unten sein, während die rechte oben ist.
Beim Autofahren habe ich mittlerweile einen ähnlichen Tick entwickelt. Wenn ich Beifahrer bin, achte ich ganz genau auf die Straßenpfähle, die rechts an mir vorbeiziehen. Zwischen den Pfählen lasse ich meine Zähne aufeinander knacken, während ich beim Überholen eines Pfahls den Kiefer leicht öffne. Ich versuche quasi, mit meinen Zähnen die Pfähle zu überspringen. Bei einer Einfahrt und dementsprechend orangefarbenen Begrenzungspfählen halte ich stets für einen kurzen Augenblick die Luft an.

GLEICHMÄSSIG BERÜHREN

Wann immer ich mit der linken Hand zum Beispiel aus Versehen ein Stück kaltes Metall berühre, muss ich es mit der anderen Hand an der gleichen Stelle noch mal berühren, um dort das Gleiche zu spüren. Oft wiederhole ich dann das Ganze noch mal, erst mit der zweiten Hand und dann mit der ersten Hand, nur andersherum und zum Abschluss manchmal noch mit beiden Händen gleichzeitig.

FAST FOOD – MIT VIEL LIEBE ZUBEREITET

Ich muss Fischstäbchen auf allen sechs Seiten braten. Auch auf den schmalen Endstücken! Ich will damit einfach sichergehen, dass sie richtig durchgebraten sind.

DAS HAUS VERLASSEN

Wenn ich aus dem Haus gehe, läuft bei mir jedes Mal das gleiche Ritual ab: Tür zu, vorm Aufzug stehen und warten, wieder zurück ins Haus, schauen, ob die Kühlschranktür zu ist (auch wenn ich ihn nicht aufgemacht habe), ob der Herd aus ist (auch wenn ich ihn nicht benutzt habe) und ob die Badezimmertür offen steht, da mein Hund Dünnschiss hat. Mindestens ein Fenster offen lassen, damit es ihm nicht an Sauerstoff mangelt. Rausgehen, Tür zumachen und tausendmal hin und her drücken, um sicherzugehen, dass sie nun wirklich geschlossen ist. Anschließend muss ich meine Gedanken zwanghaft auf etwas anderes lenken, manchmal gebe ich aber nach und mache den Kontrollrundgang noch mal, auch wenn ich schon an der Bushaltestelle angekommen war. Meinen Hund verwirrt das ziemlich.

DUSCH-COUNTDOWN

Immer wenn ich dusche und kurz davor bin, den Wasserhahn zuzudrehen, muss ich von zehn rückwärts bis null zählen, bevor ich das Wasser endgültig abdrehe. So kann ich die letzten Sekunden unter der Dusche am besten genießen.

STILLER KLOGANG

Bevor ich mein großes Geschäft auf dem Klo verrichte, werfe ich immer einen Haufen Toilettenpapier in die Schüssel. Zum einen, damit niemand hört, wenn etwas ins Klo plumpst (auch wenn niemand in der Nähe ist), und zum anderen, damit ich vor eventuellen Wasserspritzern verschont bleibe.

ARMHOSEN

Bevor ich eine Hose anziehen kann, muss ich erst mit den
Armen durch jedes Hosenbein hindurchfassen.

UMSONST AUF DIE UHR SCHAUEN

Ich schaue ständig auf die Uhr, weiß aber in 99 Prozent der Fälle hinterher nicht, wie spät es denn nun
tatsächlich ist.

DA BLEIBT EINEM DIE LUFT WEG

Wenn ich durch die Stadt gehe oder in Geschäften
bin und mir Menschen entgegenkommen, die mir
unattraktiv oder unhygienisch erscheinen, muss
ich die Luft anhalten.

NUR NICHT ABWÜRGEN

Ich kann den TV-Sender nicht umschalten, wenn ich
dadurch den Sprecher unterbreche. Ich muss ihn
aussprechen lassen und dann schnell umschalten,
bevor er weiterredet. Ich fühle mich meist verpflich-
tet, auch noch zuzuhören, obwohl es mich gar nicht
interessiert. Ich schaffe es nur in Sprechpausen
umzuschalten, habe dann aber kurz ein schlechtes
Gewissen. Manchmal muss ich sogar wieder auf den
Sender zurückschalten.

DAS IST NICHT FÜR MICH ALLEIN

Wenn ich irgendwo, sei es bei Fast-Food-Ketten oder in anderen Essensläden, größere Mengen bestelle, weil ich einen Riesenhunger habe, tue ich immer so, als ob ich im Kopf überschlagen müsste, wie vielen Leuten ich etwas mitbringen soll, damit ich ja nichts vergesse. Der Mensch hinter der Theke soll nämlich nicht denken, dass das Essen für mich allein ist und ich ein Vielfraß bin. Manchmal füge ich auch zusätzlich noch einen Satz hinzu wie »Ich hoffe, ich habe nichts vergessen und alle sind zufrieden«, um keine Zweifel daran aufkommen zu lassen, dass das Essen später aufgeteilt wird.

BIG BROTHER IS WATCHING YOU

Ich habe eine Webcam und immer, wenn ich sie gerade nicht benutze, drehe ich sie zur Wand, weil ich Angst habe, dass mich jemand heimlich beobachtet.

KLEIDUNG, DIE UNGLÜCK BRINGT

Wenn ich ein Kleidungsstück, meistens Pullover oder T-Shirt, an einem Tag getragen habe, an dem es mir aus irgendwelchen Gründen nicht so gut ging (Krankheit, Kopfschmerzen, aber auch eine versemmelte Prüfung oder Ähnliches), dann ziehe ich dieses Kleidungsstück so gut wie nie mehr an. Auch wenn es bis dato mein Lieblingsshirt war.

FINGERNÄGEL FEILEN

Ich kann meine Fingernägel nur schneiden, aber nicht feilen. Bei dem Gefühl, das das Feilen auslöst, könnte ich mich übergeben. Brrrrr…

NACHLÄSSIGKEIT ZUR SCHAU STELLEN

Wenn ich Nachrichten an Leute schreibe, die mir wichtig sind, besonders an Männer, die ich gut finde, schreibe ich extra nachlässig, damit sie nicht denken, dass ich mir übertrieben viel Mühe mit dem Schreiben gegeben und lange darüber nachgedacht habe. Ich baue dann Tippfehler ein, schreibe alles klein und verwende weniger Satzzeichen, obwohl mir so etwas eigentlich wichtig ist.

KONZENTRATION, BITTE!

Immer wenn ich in eine relativ kleine Parklücke einparken möchte, muss ich vorher mein Radio leiser stellen. Sonst kann ich mich irgendwie nicht konzentrieren und komme nicht in die Lücke rein!

HEIMSCHEISSER

Ich kann wie die Filmfigur in *American Pie* nur zu Hause mein großes Geschäft verrichten. Ich trinke deshalb morgens zwei große Tassen Kaffee, den ich tagsüber überhaupt nicht vertrage. Danach kann ich mich entleeren. Unterwegs aufs Klo zu müssen, stellt für mich den blanken Horror dar.

WIE VIELE STUFEN?

Wenn ich eine Treppe erklimme, zähle ich automatisch die Stufen mit, das passiert schon unbewusst, sodass ich oben ankomme, eine Zahl im Kopf habe und mich frage, was das überhaupt für eine Zahl ist. Letzten Endes komme ich dann immer darauf, dass ich ja gerade eine Treppe hinaufgestiegen bin und die Zahl nur dazu gehören kann.

FUGEN NICHT BETRETEN

Immer, wenn ich zu Fuß gehe, egal wo, vermeide ich es, auf Fugen zu treten – etwa zwischen Gehwegplatten oder Bordsteinen. Ich weiche auch imaginären Fugen aus, zum Beispiel unter Türrahmen, dann mache ich einfach einen etwas größeren Schritt. Manchmal fragen mich Freunde, was ich da mache, wieso ich manchmal so komisch gehe, natürlich werde ich es keinem erklären. Ich kann es mir selbst nicht erklären.

ARZTBESUCHE

Wenn ich zu einem Arzt gehe, bei dem ich mich eventuell »frei machen« muss, ziehe ich nie den passenden BH zum Höschen an, weil ich sonst befürchte, dass der Arzt oder die Ärztin denken könnte, ich hätte mir extra für ihn beziehungsweise sie alles passend angezogen.

SCHIEFE DINGE GERADE RÜCKEN

Ich kann schief aufgehängte Bilder nicht ansehen. Genauso wenig kann ich es ertragen, wenn Teppiche verrutscht sind, und richte sie dann wieder in eine ordentliche Position. Überhaupt ist es mir wichtig, dass Dinge parallel oder rechtwinklig angeordnet sind.

ORDNUNG – AUCH BEI DEN NACHBARN

Ich muss immer, wenn ich das Treppenhaus hochgehe, um zu meiner Wohnung im dritten Stock zu gelangen, sämtliche Fußmatten aller Nachbarn auf dem Weg dahin gerade rücken, wenn sie schief liegen. Ich kann einfach nicht anders. Das ist auch mit anderen Dingen so, die irgendwie schief stehen. Zum Beispiel mein Router fürs Internet oder die Fernbedienung auf dem Tisch – wenn ich sie gerade rücke, sieht alles gleich viel schöner aus.

FARBLICH PASSENDE WÄSCHEKLAMMERN

Wenn ich Wäsche aufhänge, achte ich immer darauf, dass die Wäscheklammern die gleiche Farbe wie das Kleidungsstück haben. Wenn jemand anderes Wäsche aufhängt und verschiedenfarbige Klammern benutzt, muss ich gezwungenermaßen die Klammern austauschen, damit es farblich passt.

ABTROCKNEN

Wenn ich geduscht habe und mich anschließend abtrockne, verwende ich mein Badetuch immer nach einem bestimmten System. Und zwar benutze ich den oberen Teil des Badetuchs für Haare und Kopf, den Mittelteil für den Torso und den Schnakselmann, dann den unteren Teil für die Beine und schließlich den untersten Zipfel des Tuchs für die Füße. So ist sichergestellt, dass ich mir niemals mit einem Teil des Handtuchs den Kopf trockne, mit dem ich mir vorher schon mal die Füße abgerubbelt habe. Und es hat den unschlagbaren Vorteil, dass ich das Badetuch mehrmals verwenden kann.

UNORDNUNG AUF DEM DESKTOP

Ich hasse PCs, deren Desktop unordentlich ist. Sobald ich an einem solchen bin, mache ich mich immer als Erstes daran, unnötige Verknüpfungen zu löschen oder die Symbole wenigstens zu ordnen. Ich kann einfach nicht anders, aber ein unordentlicher Desktop macht mich immer nervös.

POOL-PINKLER

Ich (m) muss es einfach immer wieder tun! Jedes Mal, wenn ich im Schwimmbad bin, muss ich ins Wasser pinkeln! Ich bin so scharf auf das warme wohlige Gefühl, dass ich immer ganz traurig bin, wenn ich mal nicht muss.

ÄRGERLICHE DELLEN IN DER TOFFIFEE-PACKUNG

Wenn ich Toffifees esse, versuche ich zuerst, sie von oben aus den kleinen Schälchen zu drücken. Wenn das nicht funktioniert, ärgere ich mich bereits. Also muss ich sie dann von unten herausdrücken, was auch immer klappt. Allerdings ist die Verpackung dann zerdellt. Ich kann erst wieder weiteressen, wenn ich diesen Missstand behoben und alles ausgebeult habe.

SPRING, PFERDCHEN, SPRING

Ich kann auf quadratischen, schachbrettartig angelegten Fliesen, Bodenplatten oder Bodenbelägen in der Stadt oder in Wohnungen immer nur so gehen wie das Pferdchen beim Schachspiel (zwei vor, eins zur Seite). Meist geht es ganz gut, weil man beim Geradeausgehen immer den rechten und linken Fuß so nebeneinander setzen kann, aber bei großen Plastersteinen muss man brutal große Schritte machen, das ist extrem lästig.

LAUTES ATMEN

Immer, wenn ich mit meinem MP3-Player draußen Musik höre, denke ich, dass ich sehr laut atmen würde, und halte deshalb meist die Luft an, wenn ich an Leuten vorbeigehe. Wenn es zu lange dauert, huste ich, damit ich ein bisschen Luft bekomme.

POTTGUCKER

Ich bin ein notorischer Topfgucker. Egal, wo ich bin, muss ich in die Kochtöpfe gucken, die auf dem Herd stehen. Bei Freunden und Verwandten mache ich das ständig. Sie wissen auch von diesem Tick und halten mir zur Begrüßung sogar schon lächelnd die erhobenen Deckel entgegen. Manchmal linse ich auch heimlich hinein. Ich weiß nicht, warum ich das mache, aber ich bin davon überzeugt, dass an dem Spruch »Zeige mir, was du isst, und ich sage dir, wer du bist!« etwas Wahres dran ist.

BROTE IMMER GANZ BESCHMIEREN!

Jedes Mal, wenn ich ein Brot mit Aufschnitt essen will, muss ich vorher Butter draufschmieren, und zwar so, dass die komplette Scheibe Brot, also auch der Rand und die Ecken, mit Butter bestrichen ist. Wenn die Butter allerdings über den Rand geschmiert ist, muss ich sie mit dem Messer abkratzen. Anschließend schabe ich auch die Butter auf dem Brot ab, damit nur das Nötigste drauf ist, um Kalorien zu sparen. Ich kann aber nicht einfach Käse oder Wurst auf die Scheibe Brot legen, weil die Butter so eine Art Kleber ist und ich sonst Angst habe, dass der Aufschnitt runterfällt.

ZEIGT HER EURE FÜSSE

Ich muss immer zuerst den linken Socken beziehungsweise Schuh anziehen. Wenn ich den rechten Socken oder Schuh zuerst anziehe, habe ich eine unglaubliche Panik, dass mir etwas Schlimmes passiert, und ziehe ihn wieder aus.

RATTEN DER LÜFTE

Kennt ihr dieses Geräusch, das Tauben machen? Das ist so eine Art gegurrter Singsang, etwas so: r rr r rr rr, r rr r rr rr, r. Das macht doch keinen Sinn, da fehlt eindeutig ein rr! Jedes Mal, wenn eine dieser debilen Tauben gurrt, muss ich so lange hinterhergurren, bis der Rhythmus stimmt.

UNHEIL UNTERM BETT

Jede Nacht vor dem Schlafengehen muss ich unter dem Bett nachsehen – unmittelbar bevor ich das Licht ausschalte –, um zu prüfen, dass da nichts ist.

MÄCCES

Ich esse bei Cheese- und Hamburgern von McDonald´s nie die Gürkchen mit.

SCHAU WEG, COVERGIRL!

Wenn ich auf Toilette bin und auf dem Badewannenrand eine Zeitschrift liegt, von deren Cover mir ein Model oder Promi entgegenblickt, muss ich sie immer umdrehen, weil ich sonst das Gefühl habe, beobachtet zu werden. Das ist eigentlich total schwachsinnig, aber was solls.

So eine Blamage:
Versprecher in Funk und Fernsehen

Ulrich von der Osten, Nachrichtensprecher von n-tv, vermeldete das wohl spektakulärste Transfer-Gerücht der Bundesliga-Geschichte:

»... dass Michael Jackson zu Bayer Leverkusen wechselt ...«

•••

Sonja Zietlow in ihrer SAT.1-Show:

»Seit wann weißt du, dass du einen leiblichen Vater hast?«

•••

Alfred Biolek in *Alfredissimo*:

»Es schmeckt so ein bisschen nach meiner Großmutter, das ist das Schöne daran.«

•••

Werner Schulze-Erdel im *Familienduell*:

»Du hast ein Schuhgeschäft. Was verkaufst du da?«

•••

Katja Burkard lispelte dies bei *Punkt 12* auf RTL:

»Er verlor das Übergewicht und stürzte in den reißenden Bach.«

•••

Britta von Lojewski im *Kochduell*:

»Sie erinnern mich an jemanden, den ich gar nicht kenne.«

Martin Semmelrogge im ZDF:
»Jeder ist seines Schmiedes Glück.«

•••

Joy Fleming auf RTL:
*»Jeder von uns hat Fans, die ihn mögen,
und Fans, die ihn nicht mögen.«*

•••

Linda de Mol beim Domino Day:
»Ich kann´s von hier aus nicht sehen, aber es sieht gut aus.«

•••

Birte Karalus in ihrer Talkshow:
»Hast du einfach nur Angst um deinen schlechten Ruf?«

•••

Rudi Cerne beim ATP-Finale im ZDF:
*»Andre Agassi verabschiedet sich von Hannover mit einem
tränenden und einem weinenden Auge.«*

•••

Michael Thürnau beim *Festival der Volksmusik* im NDR:
*»Die Kastelruther Spatzen schaffen es,
ganz allein die Bühne vollzumachen.«*

•••

Axel Schulz zu Bettina Böttinger in *B.trifft* im WDR:
»Ich will ganz in Ruhe heiraten, allein für mich.«

Niki Lauda während der Formel 1 auf RTL:

*»Die würden nie was sagen,
die haben absolutes Schweigeverbot.«*

•••

Jürgen Fliege in seiner Talkshow im Ersten:

*»Dann gehe ich in einen Bioladen,
da sind die Eier auch freilaufend.«*

•••

Sonja Zietlow in ihrer SAT.1-Show:

*»Jetzt kommt die Barbara. Die hat ein völlig anderes
Problem. Nämlich das gleiche wie du.«*

•••

Bei *Explosiv* auf RTL:

»Ich habe es nur aus den Augenwinkeln gehört.«

•••

Im ARD-Magazin *Brisant*:

*»Delfine sind wilde Tiere. Sie gehören in den Ozean. Und dort
herrscht noch immer das Gesetz des Dschungels.«*

•••

Im Magazin *DAS!* auf N3:

*»Der Vorteil des Pudels ist: Er haart nicht in der Wohnung.
Im Gegensatz zu einem Yorkshireterrier – da finden Sie
überall Pudelhaare.«*

Talkgast bei *Hans Meiser* auf RTL:
»Kunde ist der König schon lange nicht mehr.«

•••

Dialog in der Talkshow *Bärbel Schäfer* (RTL):
»Er hat mir gedroht, mich umzubringen!« –
»Und, hat er seine Drohung wahr gemacht?«

•••

Talkgast bei *Birte Karalus* auf RTL:
»Wenn ich meine Frau nachts wecke, wird sie zur Arie.«

•••

Talkgast bei *Bärbel Schäfer* auf RTL:
»Ich bin auf dem rechten Ohr fast blind.«

•••

Talkgast bei *Nicole* auf ProSieben:
»Du machst doch schon den Mund auf, wenn du lügst!«

•••

Im ARD-Magazin *Brisant*:
»Es war der 19. Tote. Auch er hat nicht überlebt.«

•••

In der Nachrichtensendung *Guten Abend RTL*:
*»Die Waschstraße wurde so stark beschädigt,
dass zurzeit wesentlich weniger Kunden gewaschen und
gewachst werden können.«*

Talkgast bei *Andreas Türck* auf ProSieben:
»Ich fühle mich wie das fünfte Rad am Bein.«

•••

Moderatorin in *Trends* auf Hessen3:
*»Als Nächstes haben wir einen Zuschauer ins Studio
geschaltet, der anonym bleiben möchte.
Wen darf ich begrüßen?«*

•••

Gehört bei *Klassik auf Wunsch* im SWR2:
»Chopin konnte dieses Jahr seinen 150. Todestag feiern.«

•••

Talkgast bei *Hans Meiser* auf RTL:
»Meine Kindheit war nicht das Rosarote vom Ei.«

•••

Aus den WDR4-Nachrichten:
*»Die Arbeitslosenzahlen blieben im Monat August
erstmals unter vier Millionen Euro.«*

Fußballer vor der Kamera

MICHAEL PREETZ
»Bei einem anderen Spielverlauf hätte das Ergebnis auch anders aussehen können.«

MARIO BASLER
»Das habe ich ihm dann auch verbal gesagt.«

RICHARD GOLZ
»Ich habe nie an unserer Chancenlosigkeit gezweifelt.«

STEFFEN FREUND
»Es war ein wunderschöner Augenblick, als der Bundestrainer sagte: ›Komm Steffen, zieh deine Sachen aus, jetzt geht´s los.‹«

FRITZ WALTER JUN.
»Die Sanitäter haben mir sofort eine Invasion gelegt.«

HORST HRUBESCH
(schildert das Zustandekommen eines seiner Tore)
»Manni: Bananenflanke, ich: Kopf, Tor!«

JENS JEREMIES
»Das ist Schnee von morgen.«

RUDI VÖLLER

»Zu 50 Prozent stehen wir im Viertelfinale,
aber die halbe Miete ist das noch lange nicht!«

THOMAS HÄSSLER

»Ich bin körperlich und physisch topfit.«

MARKO REHMER

»Wir sind hierhergefahren und haben gesagt: ›Okay,
wenn wir verlieren, fahren wir wieder nach Hause.‹«

LOTHAR MATTHÄUS

»Wir dürfen jetzt nur nicht den Sand in den Kopf
stecken!«

ANDREAS MÖLLER

»Ich hatte vom Feeling her ein gutes Gefühl.«

MEHMET SCHOLL
(als werdender Vater)

»Es ist mir völlig egal, was es wird.
Hauptsache, er ist gesund.«

LOTHAR MATTHÄUS

»Es ist wichtig, dass man 90 Minuten mit voller
Konzentration an das nächste Spiel denkt.«

DAGEGEN BIN ICH ALGERISCH

THOMAS HÄSSLER

*»Wir wollten in Bremen kein Gegentor kassieren.
Das hat auch bis zum Gegentor ganz gut geklappt.«*

BERTI VOGTS
(vor dem WM-Spiel gegen Kroatien)

*»Die Kroaten sollen auf alles treten, was sich bewegt –
da hat unser Mittelfeld ja nichts zu befürchten.«*

FRANZ BECKENBAUER

*»Damals hat die halbe Nation hinter dem Fernseher
gestanden.«*

BERTI VOGTS

*»Sex vor einem Spiel?
Das können meine Jungs halten, wie sie wollen.
Nur in der Halbzeit, da geht nichts.«*

PETER NEURURER

*»Wir waren alle vorher überzeugt davon,
dass wir das Spiel gewinnen. So war auch das
Auftreten meiner Mannschaft, zumindest in den
ersten zweieinhalb Minuten.«*

BERTI VOGTS

*»Wir haben ein Abstimmungsproblem –
das müssen wir automatisieren.«*

FRANZ BECKENBAUER

*»Die Schweden sind keine Holländer –
das hat man ganz genau gesehen.«*

RUDI VÖLLER
(über Reiner Calmund)

*»Ja gut, der arbeitet von morgens bis abends. Ja
gut, so was nennt man im Volksmund, glaube ich,
Alcoholic.«*

MARIO BASLER

*»Wenn der Ball am Torwart vorbeigeht,
ist es meist ein Tor.«*

Was deutsche Politiker
alles zum Besten geben

Horst Seehofer

Der bayerische Ministerpräsident und CSU-Chef hat sich im bayerischen Fernsehen gehörig blamiert! Er ist zu Gast in der BR-Spenden-Sendung Sternstunden. Die Moderatorin hält einen Scheck in die Kamera. Der Beitrag: 3.014.237 Euro. Die Moderatorin hat Schwierigkeiten, die Zahl auszusprechen, verhaspelt sich: »Huch, ich kann die Zahl gar nicht lesen.« Sie bittet Seehofer um Hilfe.

Doch bei ihm läuft es auch nicht besser: »Sieben Stellen sind Millionen, oder?«

Die Moderatorin bejaht, Seehofer stammelt weiter und rettet sich mit: »Die Zahl heißt Drei-Punkt-Null-Eins-Vier-Punkt-Zwei-Drei-Sieben.«

So einfach wäre es gewesen: Dreimillionenvierzehntausendzweihundertsiebenunddreißig.

Edmund Stoiber

Wie viele vollständige Sätze formuliert der CSU-Politiker hier?

»Wenn Sie vom Hauptbahnhof in München... mit zehn Minuten, ohne dass Sie am Flughafen noch einchecken müssen, dann starten Sie im Grunde genommen am Flughafen... am... am Hauptbahnhof in München starten Sie Ihren Flug. Zehn Minuten. Schauen Sie sich mal die großen Flughäfen an, wenn Sie in Heathrow in London oder sonst wo, meine sehr... äh, Charles de Gaulle in Frankreich oder in... in... in Rom. Wenn Sie sich mal die Entfernungen anschauen, wenn Sie Frankfurt sich ansehen, dann werden Sie feststellen, dass zehn Minuten Sie jederzeit locker

in Frankfurt brauchen, um Ihr Gate zu finden. Wenn Sie vom Flug ... vom ... vom Hauptbahnhof starten. – Sie steigen in den Hauptbahnhof ein, Sie fahren mit dem Transrapid in zehn Minuten an den Flughafen in ... an den Flughafen Franz Josef Strauß. Dann starten Sie praktisch hier am Hauptbahnhof in München. Das bedeutet natürlich, dass der Hauptbahnhof im Grunde genommen näher an Bayern ... an die bayerischen Städte heranwächst, weil das ja klar ist, weil auf dem Hauptbahnhof viele Linien aus Bayern zusammenlaufen.«

Günther Oettinger

Englisch bezeichnet der EU-Kommissar als die Arbeitssprache der Zukunft! Er selbst spricht jedoch eher ... Schwänglisch.
»Estiemd gests,
Lehdies ent Dschentlmen.
Senk ju vor inweiting mi tu Börlin ett
ße sewnz ennuell konförönz ett ße rinaund Kolombia Juniwörsiti ...
... Sey säi: »Fiffti pörsent of bisnis is psycholodschi.« ...
... On ße wan hent, ße kreisis riwield, ßet säi ße
nihd vor mor gawamentl reguläischn,
on ße aßa hant, wih heff tu feint e wäi off drästikelli limmeting ße gowernentl
interferönz untu ekonomick ek-ekwittihs,
sinz ße w-w-wörld äh,
sinz ßäi wutt aßawais kohrs e pörmanent
impehrment off ße goust-draiwers vor frih
market ekonnemi.«

Die schönsten Stilblüten haben wir aber ohne Zweifel Edmund Stoiber zu verdanken, deshalb hier noch ein kleines **Best of Stoiber**:

Zum Thema Familienplanung:
»Ich weiß, was es heißt, Mutter von drei Kindern zu sein.«
»Wenn heute eine Familie ein Kind bekommt, eine Frau mit ihrem Mann oder umgekehrt, wenn ein Kind, wenn ein Kind zur Familie kommt…«

Und so viel Gutes weiß er über seine Frau Karin zu berichten:
»An meiner Frau schätze ich – äh – ja gut – äh – die – hm – die Attraktivität, die sie über all die Jahre behalten hat – äh – und – äh – die absolute – äh – ja, Familienorientiertheit.«

Der brasilianische Vergleich:
»Wer ein Trio vorne hat wie Ronaldo, Ronaldinho und – äh – und die anderen Brasilianer, Carlo – äh – Roberto Carlos, das ist – äh – das ist Rivaldo und – äh – Ronaldinho und Rolda und Ronaldo, also, das dann verloren zu haben, das ist zwar bitter, aber nicht so bitter.«

So schafft es die Partei! Ein Anfeuerungsversuch:
»Es muss zu schaffen sein, meine Damen und Herren, wenn ich die CDU anseh, die Repräsentanten dieser Partei, an der Spitze, in den Ländern, in den Kommunen, dann bedarf es nur noch eines kleinen Sprühens, sozusagen, in die gludernde Lod, in die gludernde Flut, dass wir das schaffen können. Und deswegen, in die lodernde Flut, wenn ich das sagen darf…«

Peinliche Schreibfehler

Mittrlbalken?

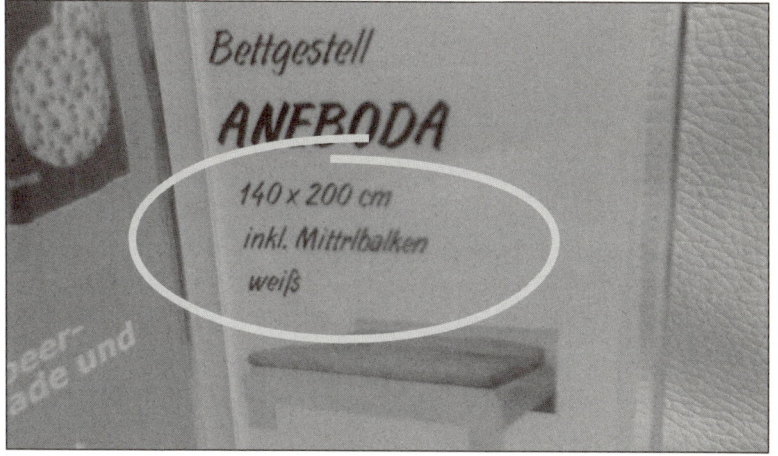

Traurige Angelegenheit

Cockies?

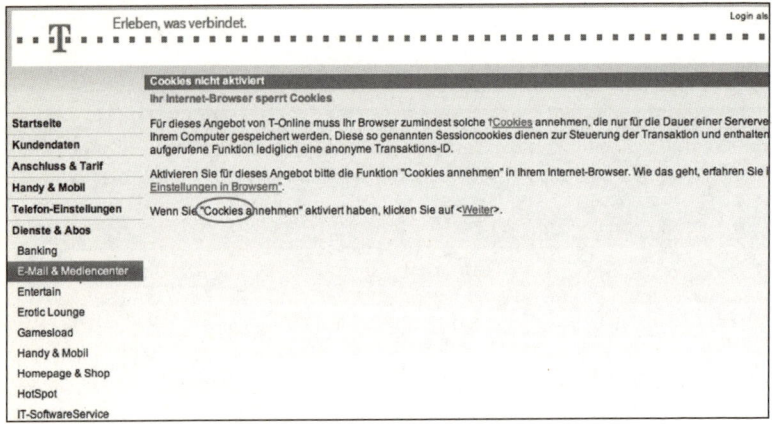

Endlisch!

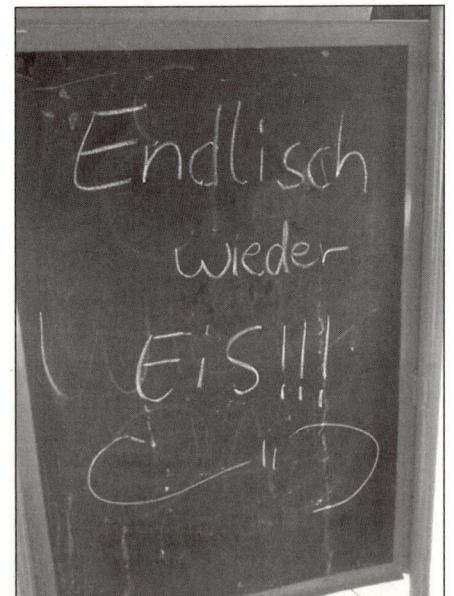

Groß oder kross?

www.fehlerleser.de

Wusste nicht, dass man dazu extra Wäsche braucht

www.fehlerleser.de

Neue Sorte

www.fehlerleser.de

Ein super Angebot

www.fehlerleser.de

Deutsch – Englisch/Englisch – Deutsch

Naja, vielleicht liegt es ja auch einfach an der deutschen Sprache? Wie sagt schon ein altes Sprichwort? »Deutsche Sprache, schwere Sprache.«
Unsere Nachbarländer wollen manchmal einfach nett sein und sich an unser Niveau anpassen. Sie kommen uns aus purer Gastfreundschaft entgegen, damit wir Deppen uns gleich wie zu Hause fühlen und auch mal was zum Schmunzeln haben.

Deutsch kann so nüchtern sein …

www.uebersetzungsfehler.com

Ja, genau!

www.uebersetzungsfehler.com

Vorsicht!

www.uebersetzungsfehler.com

Die Sommerzeit.
Das ewige Problem mit dem Umstellen der Uhren

Dabei findet der Wechsel von der Winterzeit in die Sommerzeit statt.

Dear Guests:

On Sunday, the 28.03.2010 the clocks will be placed before by 1 hour, so the night is shorter by 1 hour.

www.uebersetzungsfehler.com

Flur oder floor?

www.uebersetzungsfehler.com

Was die Bahn auch noch lernen muss ...

Ich versteh die deutsche Wegbeschreibung schon nicht ...

www.uebersetzungsfehler.com

Wegen umfangreicher Bauarbeiten
und Sperre des Zuganges
aus der Passage U3/U6 zum Westbahnhof
empfehlen wir Fahrgästen im Rollstuhl und
gehbehinderten Menschen den Lift zur U3
und von dort weiter über den Bahnsteig
bis zum Ausgang Gerstnerstraße,
wo Sie den Lift zur ÖBB-Halle Westbahnhof erreichen.

Due to extensive construction work and the
obstruction of access to the Westbahnhof
by way of the U3/U6 passage,
we recommend that passengers in wheelchairs
and physically challenged passengers
take the elevator to the U3 and
from there proceed via the train platform
to the Gerstnerstraße exit,
where there is an elevator leading to the ÖBB
hall of the Westbahnhof.

www.uebersetzungsfehler.com

Und das die ganze Nacht?

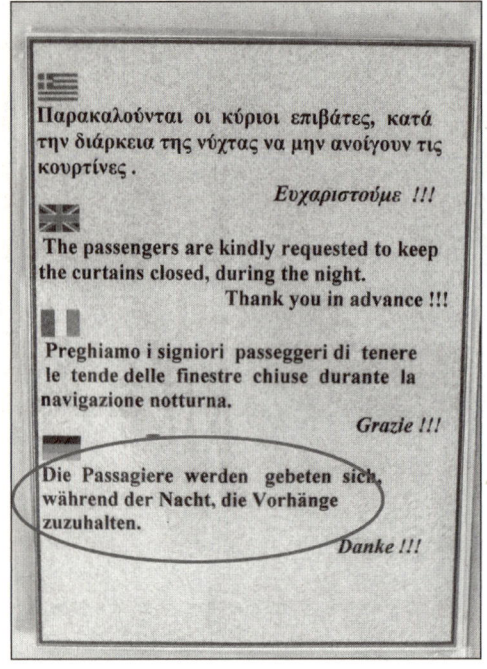

Mir geht ein Lichte auf!

Noch einzeln?

Installieren war auch schon mal einfacher …

www.uebersetzungsfehler.com

www.uebersetzungsfehler.com

In Kombination mit Französisch ist es auch nicht besser …

www.uebersetzungsfehler.com

www.uebersetzungsfehler.com

Rollen Sie langsam!

Die Deutsche Bahn

Ich saß im Regionalexpress nach Münster, als nach dem Pfiff des Schaffners die Zugtüren einfach nicht zugingen. Nach zwei Minuten tönte eine Lautsprecherdurchsage durch sämtliche Abteile: »Wenn ihr zwei Turteltauben in der Tür jetzt nicht aufhört mit eurer Abschiedsknutscherei, dann dauert es für alle anderen Reisenden länger, bis sie endlich zu Hause sind und selbst knutschen können. Deshalb: Schluss jetzt!«

Auf der Fahrt von Kassel nach Frankfurt kündigte der Zugbegleiter an: »Sehr geehrte Fahrgäste! Ab jetzt sind keine planmäßigen Verspätungen mehr eingeplant.«

Nachts auf dem Weg von Bielefeld nach Köln: Der ICE hielt kurz hinter Köln im Dunkeln auf freier Strecke. Das Personal rannte aufgeregt durch den Zug und schließlich ertönte die verblüffende Durchsage: »Der ICE hat sich verfahren.« Nun ja, es war ja auch richtig dunkel! Der Zug fuhr erst ein paar Minuten rückwärts, dann wieder vorwärts.

In einem IC, bei Nürnberg: Zunächst ertönte die Durchsage auf Deutsch mit deutlich bajuwarischem Zungenschlag: »Wochenendtickets sind in diesem Zug nicht gültig.« Dann die beruhigende englische Übersetzung: »Ze Weekend Tickets in zis train are not … äh … guilty.« (»Die Wochenendtickets in diesem Zug sind *nicht schuldig*.«)

Wenn es wegen eines Suizids auf den Gleisen zu Verzögerungen kommt, ist normalerweise ganz sachlich von einem »Unfall mit Personenschaden« die Rede. In einem IC hielt sich ein Zugführer auf der Strecke zwischen Hamburg nach Bremen nicht daran und sagte durch: »Da liegt eine Leiche auf den Schienen!«

»Zwischen Kassel und Göttingen kommt jetzt gleich die Brezelfee!«

In Hannover fragte eine alte Dame am Bahnsteig den Bahn-Bediensteten: »Entschuldigung, gibt es hier eine Telefonzelle?« Darauf der Bahnangestellte: »Ja, da hinten, sehen Sie dieses hässliche magentafarbene Ding? Es hat die gleiche Farbe wie Ihre Jacke.«

Der allerletzte Zug des Tages hatte Verspätung, über Lautsprecher tönte die Entschuldigung: »Blies abbolloscheiß for any ingonwienienz.« – Es war melodischstes Sächsisch und man konnte hören, wie wenig Mühe sich die Sprecherin gab, ihre Lippen und Zähne dabei auseinanderzunehmen. Aber wenigstens hat sie sich im Namen der Bahn »abbolloscheißt«.

Im ICE von München nach Augsburg erklang folgende Durchsage: »Verehrte Reisende, aufgrund persönlicher Gründe bleibt das Bord-Restaurant wieder einmal geschlossen.«

»Sehr geehrte Jugendliche an der dritten Tür, es ist ja wunderschön, wie ihr die Tür tretet, ich frage mich nur, warum ihr euer Talent an der Tür verschwendet?«

Eine Minute später: »Wenn ihr nicht gleich damit aufhört, gibt´s was auf die Fr..., ich habe hier eine Trittstufenkurbel, die sich eurer Gesichtsform perfekt anpasst!!!«

Ehrlich währt noch immer am längsten: »Wegen Personalmangels kann dieser Zug nicht weiterfahren.«

In der Regionalbahn am Faschingsdienstag, nachmittags: »Sehr geehrte Damen und Herren, aufgrund einer technischen Störung haben wir uns entschieden, einen unplanmäßigen Halt in Bruckberg einzulegen, und hoffen, die Fahrt bald weiterführen zu können.«

Circa fünf Minuten später: »Sehr geehrte Damen und Herren, wir haben uns umentschieden, wir werden die Fahrt bis nach Landshut mit mäßiger Geschwindigkeit (Anmerkung: mit etwa 20 Stundenkilometern) fortsetzen. Wir bitten, das Blumenpflücken während der Fahrt zu unterlassen.«

»Liebe Fahrgäste, der Regionalexpress in Richtung Wesel..., äh Emmerich, planmäßige Abfahrt, ähhh 17:02, wird voraussichtlich 25 Minuten später eintreffen. Ich wiederhole: Der Regionalexpress in Richtung Emm, äh Wesel, planmäßige Abfahrt 17:25, wird voraussichtlich 25 Minuten später eintreffen.«

In einem ICE von Leipzig nach Frankfurt: »Herzlich willkommen im ICE 1554 von Leipzig nach Frankfurt Main Hauptbahnhof mit Halt in Weimar, Erfurt Hauptbahnhof, Gotha, Eisenach, Fulda und Frankfurt am Main Hauptbahnhof.«

Kurz vor Fulda: »Aufgrund zeitlicher Probleme hält dieser Zug heute nicht in Fulda – ich wiederhole: Dieser Zug hält nicht in Fulda.«

Kurz nach Fulda hält der Zug: »Meine Damen und Herren, da ein Fahrgast in Hanau aussteigen möchte, werden wir heute außerplanmäßig in Hanau halten. Wir bitten um Ihr Verständnis.«

(Eingleisige!) Strecke von Crailsheim nach Würzburg, einige Kilometer vor dem Bahnhof Schrozberg: Der Zug hält an, mitten im Nichts, weit weg von jeder Zivilisation. Zug steht. Circa 40 Minuten später ertönt die Durchsage: »Wegen eines technischen Defekts kann die Weiterfahrt nicht fortgesetzt werden, dieser Zug endet hier.« ?!

Gestern im Metronom auf der Fahrt von Uelzen nach Hannover verkündete der Fahrgastbetreuer: »Unser nächster Halt ist Celle… dort fährt der Lokführer links in den Bahnhof rein, damit Sie rechts aussteigen können.«

Kurze Zeit später die Antwort des Lokführers: »Der Herr Fahrgastbetreuer hat wohl zu viel Klebstoff geschnüffelt (kurze Pause), aber er hat recht, Ausstieg ist in Fahrtrichtung rechts.«

IC von Frankfurt nach Nürnberg: »In wenige Minude erreische mer Würzburch Haupt...hauptbahnof. In Würzburch werde de vordere beide Wage mid de Nummern X un Y abg´kobbelt. Wenn Se in unserm InderSsiddiee weida Rischdung Bassau andrede möschde, bidde mer Se, de vordere beide Wage zu verlasse un in aanen der hinnern Blads zu nehm.«

Alles stürmt wie geisteskrank aus den vorderen Wagen in die hinteren, nur weil ein sturzbetrunkener Zugbegleiter wirres Zeug lallt.

Nach circa fünf Minuten kommt die Berichtigung: »Isch korrirrigirerere, de hinnern Wa´n mid de Num´n A un B werrn abg´kobblt un fahrrr´n ssurügg na Franckfott Main Haubtbahnof. Weidareißennde na Nöörnbersch, Re´nsbursch un Bassau... hihi... werrn gebe´n, sisch in den vorrrerrrn Wa´n aanzufinne.« Und das Ganze zurück. Marsch, marsch!

Durchsage in der S1 von Dortmund nach Düsseldorf. Morgens um 07:14 Uhr: »Unsere Abfahrt verzögert sich leider um ein paar Minuten, da erst eine leblose, äh, fast leblose Person aus Wagen drei entfernt werden muss.«

»Sehr geehrte Fahrgäste, aus dem Triebwagen steigt Rauch auf.«

Nach fast einer halben Stunde des Stillstands: »Unsere Weiterfahrt verzögert sich auf unbestimmte Zeit, weil der Lokführer erst den Triebwerksschaden reparieren will.«

»Meine Damen und Herren, hier spricht Ihr Führer...!«

»Nächster Halt: Grimmenthal. Hier haben Sie fünf Minuten Aufenthalt. Raucherpause.«

»Liebe Fahrgäste, leider muss sich die Abfahrt der Regionalbahn 48 um unbestimmte Zeit verspäten, da der Zugführer nicht aufzufinden ist.«

Computerstimme: »Nächster Halt Wanne-Eickel Hauptbahnhof.«
Zug wird nicht langsamer, draußen fliegen die Lichter des Bahnhofs vorbei. Zug wird langsamer, hält an.
Zugführer: »Verehrte Fahrgäste, aufgrund von Laub auf den Schienen sind wir am Bahnhof Wanne-Eickel Hauptbahnhof vorbeigefahren. Wir fahren jetzt zurück!«
Sprach´s und legte den Rückwärtsgang ein ...

Wörtliches Zitat des Zugbegleiters in der Regionalbahn 48 von Bonn-Mehlem nach Wuppertal-Oberbarmen: »Meine Damen und Herren, der zweite Waggon ist heute aus unfalltechnischen Gründen geschlossen. Dort befindet sich eine Kotzlache!«

Der Zug fährt in Köln in den Hauptbahnhof ein. Durchsage: »Wir erreichen Köln Hauptbahnhof LEIDER drei Minuten zu früh ...«

»Werte Reisende, unsere Weiterfahrt verzögert sich um wenige Minuten (eine halbe Stunde), weil ein Lkw gegen eine Brücke auf unserer Strecke gefahren ist. Wir warten noch auf einen Statiker, der die Brücke wieder freigibt.«

Nachdem der Zug dann endlich weiterfahren konnte: »Wir überqueren jetzt die betreffende Brücke, wenn Sie möchten, können Sie sich nun das Nummernschild des Lkws notieren.«

»Der Ausstieg ist in Fahrtrichtung...... .... (10 Sekunden Sendepause)...... Ach, Sie sehen es gleich selbst.«

Eines Mittags ertönte im Zug nach zehn Minuten Stillstand die Durchsage eines zornigen Lokführers: »Also, meine Damen und Herren. Ihnen ist sicher schon aufgefallen, dass wir im Moment nicht weiterkönnen. Ich habe mich bereits mit den hohen Herren in Verbindung gesetzt, um zu erfahren, was da los ist. Die scheinen es aber nicht nötig zu haben, uns unwichtigen Lokführern zu sagen, was los ist. Ich melde mich wieder, wenn der Kriegsrat vorbei ist.«

Die schönste Durchsage, die ich jemals im Zug gehört habe, wurde auf dem Rückweg von Köln nach Rheine gemacht. Der Schaffner rief mit sehr liebevoller und dennoch verzweifelter Stimme: »Zugbegleiter? Zugbegleiter, bist du da?? Zugbegleiter, wenn du das hörst, dann melde dich bitte!«

»Achtung: Zugbegleiter im hinteren Zugteil, bitte gleich mal auf ungewöhnliche Bremsgeräusche achten.«

Gestern Abend: Der einzige Zusteigende an einer Haltestelle stieg scheinbar nicht gleich bei der ersten Tür ein, sondern ging noch einen Waggon weiter. Plötzlich hörte man die Stimme des Zuführers durch die Lautsprecher tönen: »Die ersten beiden Türen haben dir wohl nicht zugesagt, mein Freund?? Beim nächsten Mal läufste!«

Automatische Ansage: »In wenigen Minuten erreichen wir ... Der Ausstieg befindet sich in Fahrtrichtung links.«
Schaffner-Durchsage: »Bitte steigen Sie rechts aus.«
Automatische Ansage: »Ausstieg links.«
Schaffner-Durchsage: »Achten Sie nicht auf die Ansage, und steigen Sie lieber lin... äh rechts aus. Ja, doch rechts!«

»Die S-Bahn hat mehrere Türen ... die man alle benutzen kann ... ihr seid doch Studenten!«

Durchsage in der Regionalbahn, die einfach irgendwo stehen bleibt: »Die Weiterfahrt verzögert sich wegen der Überholung eines höherwertigen Zugprodukts der Deutschen Bahn ...«

»...Wir verabschieden uns von den Fahrgästen, die in XY aus- oder umsteigen, wünschen Ihnen noch ein langes Leben, gute Gesundheit, je nach Alter brave Kinder oder ein gutes Zeugnis...«

S12 Köln-Hennef, auf Höhe Porz oder so...
Wir stehen seit zehn Minuten im Nirgendwo. Der Zugführer: »Verzeihung, ich habe Rot, ich darf nicht weiterfahren, ich versuche jemanden zu erreichen, der mir sagen kann, was hier los ist.«
Fünf Minuten später: »Ich erreiche niemanden, ich weiß nicht, warum wir hier stehen. Verzeihen Sie die Verzögerung.«
Weitere zehn Minuten später: »Also, wenn mir hier nicht bald jemand sagt, was los ist, biege ich rechts ab und fahre über die B 8!«

Verspätung auf der Strecke. Wir stehen und stehen und stehen. Durchsage vom Schaffner: »Liebe Reisende, wir haben mal wieder Verspätung, weil wir auf die reichen ICE-Fahrenden warten müssen. Das kann noch dauern. Es sind nämlich mehrere. Haben Sie Geduld und bewahren Sie Ihre Nerven. Es lohnt nicht, sich aufzuregen. Nehmen Sie Ihr Butterbrot und Ihr Trinken raus, entspannen Sie sich gemütlich dabei und denken Sie an was Schönes. Wenn Sie nichts dabeihaben, dann lernen Sie ab sofort: Man fährt nie und unter keinen Umständen mit der Deutschen Bahn, ohne Essen und Trinken dabeizuhaben!!! Ich komme jetzt durch den Zug und unterhalte mich mit Ihnen! Bis gleich!!«

Es tönt durch den Zug: »Dies hier ist kein Adventskalender, man kann auch mehrere Türen öffnen!«

»Ist ein Arzt im Zug anwesend?«
Fünf Minuten später: »Sofern ein Arzt im Zug ist, bitte beim Begleitpersonal melden. Drei Sekunden Pause... Ein Student reicht nicht aus.«

Im Flugzeug

Auf meinem Flug von Hamburg nach Zürich starteten wir in den Ausläufern des Orkans Kyrill. Nach einiger Zeit kam die Durchsage des Piloten: »Für Zürich sind starke Winde vorausgesagt, aber die vom Wetterdienst übertreiben ja eh immer!«
Kurz vor der Landung folgte eine weitere Durchsage: »Ich habe mir noch mal die aktuellen Wetterdaten angesehen. Anscheinend haben die vom Wetterdienst doch nicht übertrieben. Aber bisher habe ich jeden Flieger runterbekommen.«

Auf dem Flug von Bangkok nach Frankfurt hörten wir folgende Durchsage des Piloten. Der Pilot kündigte eine Schlechtwetterfront und schwere Turbulenzen an und schloss mit den Worten: »Dear passengers, cabin crew ... good luck!«

Eine Ansage des Piloten beim Anflug auf Hamburg bei stürmischem Wetter: »Meine Damen und Herren, die Landung kann etwas stürmisch werden. Aber seien Sie sicher, das Flugzeug ist stärker als die Nerven der Passagiere!«

Einer Stewardess war offensichtlich der Name des Kapitäns entfallen, denn kurz nach der Landung sagte sie mit einem leichten Stocken: »... bedanken sich äh Captain Kirk und seine Crew, dass Sie mit der Deutschen BA geflogen sind.«

Auf einem Flug von Köln nach Manchester gab es die übliche Sicherheitseinweisung, doch diese war etwas anders als gewohnt: »Ihre Schwimmweste verfügt über eine neckische Leseleuchte, die beim Kontakt mit Wasser automatisch aufleuchtet, sowie eine Pfeife, um die Haie anzulocken.«

Von Budapest nach Frankfurt sprach der Pilot nur in Reimen: »Da nun alle sind an Bord, fliegen wir nach Frankfurt fort. Nun machet alle Luken dicht, vergesset mir die Treppe nicht.«

Auf einem Flug von Paris nach Frankfurt bemängelte mein Hintermann bei der Stewardess, dass sein Tisch nicht funktioniere. Die Stewardess antwortete darauf: »Entschuldigen Sie die Umstände, ich mache gleich eine Notiz für die Wartungscrew, dann wird das nach der Landung repariert.«
Die Landung war ziemlich holprig und hart, da sagte der Fluggast noch mal zu Stewardess: »Vergessen Sie das Tablett! Schreiben Sie bitte ›Fahrgestell‹ auf die Liste!«

Nach der Landung in Lyon-Saint-Exupéry rollte unser Flugzeug zur Parkposition und stand mutterseelenallein da. Da kam die Durchsage des Kapitäns: »Herzlich willkommen in Lyon. Das Bodenpersonal streikt wieder einmal, wir bitten Sie, auf Ihren Sitzen zu bleiben.« 15 Minuten später verkündete er: »Wir haben am Horizont einen Bus ausgemacht und hoffen, dass es unserer ist.«

Der Abendflug von Berlin nach München verspätete sich wegen starken Schneefalls. Als wir endlich in der Maschine saßen, rollten wir noch zur Enteisungsanlage, vor der wir wieder etwas warten mussten. Die Besatzung hatte uns mitgeteilt, dass der Räumdienst alle Hände voll zu tun habe und dass es in München noch schlechter aussehe. Wir müssten hier zunächst auf ein Startfenster warten, was noch dauern könne. Nach der Enteisung teilte uns der Pilot dann trocken mit, dass er zwar immer noch auf eine Freigabe warte, aber auch kein ausdrückliches Startverbot bekommen habe: »Wir mogeln uns jetzt einfach raus, und wenn wir erst mal in München sind, müssen sie uns auch runter lassen.« Gesagt – getan!

Kurz nach dem Start in San Francisco informierte uns der Pilot, dass sich über den Rocky Mountains ein Schlechtwettergebiet befinde, das leider nicht umflogen werden könne: »Aus diesem Grund können wir Ihnen erst einmal leider keinen Bordservice bieten. Wenn ich es mir allerdings überlege: Für einen Whiskey oder Wodka pro Passagier haben wir noch Zeit – Sie werden ihn nötig haben!«

Nach dem harten Aufsetzen einer Maschine in Hamburg meldete sich aus dem Cockpit der Kopilot: »Ich hoffe, unser Aufprall hat Ihnen gefallen.«

Nach einer besonders harten Landung in Berlin-Tegel machte die Stewardess die Durchsage: »Meine Damen und Herren, bitte bleiben Sie so lange sitzen, bis der Pilot die Überreste unseres Flugzeugs am Gate zum Stillstand gebracht hat.«

Starker Regen bei der Landung in Bremen: »Wir sind soeben in Bremen gewassert.«

Beim Landeanflug schwankte das Flugzeug wegen des starken Windes auf und ab. Als die Maschine knapp über der Landebahn war, gab der Pilot plötzlich Schub und startete durch. Nach einer Schleife folgte der nächste – diesmal erfolgreiche – Landeanflug. Da endlich ertönte eine Durchsage des Kapitäns: »Sehr geehrte Damen und Herren, willkommen bei der Lufthansa-Happy-Hour. Erleben Sie zwei Landungen zum Preis von einer!«

Nach der Landung der Maschine aus Monastir in Düsseldorf klatschten viele Passagiere Beifall. Da meldete sich der Kapitän und sagte: »Sehr geehrte Damen und Herren, vielen Dank für den Beifall, aber ich darf Ihnen mitteilen, dass uns vor wenigen Tagen schon einmal eine Landung in Düsseldorf geglückt ist.«

Nach der Landung an einem Freitagabend auf dem Hamburger Flughafen rollen wir langsam zu unserem Gate, da meldet sich der Kapitän noch einmal: »Achtung, eine Warnmeldung für die A7 Richtung Norden, fahren Sie rechts und überholen Sie nicht – die Crew hat Feierabend und möchte nach Hause.«

Eine Stewardess auf dem Flug von Hamburg nach Frankfurt hatte schon mit der Ansage begonnen: »Meine Damen und Herren, wir befinden uns bereits im Anflug auf den Flughafen Frankfurt.« Da kam plötzlich ein Luftloch. Eine Sekunde später setzte sie fort: »Und eben haben wir eine Abkürzung genommen!«

Mama Mirabelles Tierkino auf *KI.KA*

Was für eine rosige Zukunft für unsere Kinder. Sie können nicht
anders – die Kleinen werden schon sehr früh von unserem
Fernsehprogramm auf Depp geeicht.
Was alles im öffentlich-rechtlichen Fernsehen gesendet werden
darf ...! Die Synchronsprecher müssen vor Lachen zusammen-
gebrochen sein. Hier ein paar Auszüge aus der zehnminütigen
Kindersendung *Mamas Mirabelles Tierkino*:

... *Wir versuchen gerade herauszufinden, wer den coolsten
   Schwanz hat ...*
... *Mein Schwanz gewinnt ...*
... *Mein Schwanz kann sogar super Verstecken spielen ...*
... *Ja, das ist wirklich ein total biegsamer Schwanz, den du da
   hast ...*
... *Mein Schwanz ist lang und total flippig ...*
... *Schwänze sind eine ganz wunderbare Erfindung, und die sollten
   wir feiern, indem wir jetzt alle mal ganz kräftig mit unseren
   Schwänzen wedeln ...*
... *Es geht doch nichts über ein fröhliches Schwanzwedeln ...*
... *Start frei zum fröhlichen Schwanztanz ...*
... *Zeig uns mal, was dein Schwanz so draufhat ...*
... *Mein Schwanz ist grau und kurz ... und hat am Ende ein
   Haarbüschel! ...*
... *Das ist einer meiner Lieblingsfilme, er zeigt die Geschichte vom
   Schwanz, und zwar ganz ...*
... *Es gibt Schwänze, die sprechen können ...*
... *Hier ist ein Schwanz, der einen echt vom Hocker haut ...*
... *Du kannst auf deinen Schwanz wirklich stolz sein ...*
... *Hab ich nicht gesagt, dass es ganz viele Schwanzformen gibt
   und dass jeder Schwanz auf seine Art einzigartig ist? ...*
... *und jetzt kommt alle zu mir und schüttelt eure Schwänze bei
   unserer Schwanzpolonaise ...*

Und was bringt Ihre Schwänze zum Wedeln?

Der Darwin Award –
die deutschen Kandidaten

Der Darwin Award wird seit 1994 an Menschen verliehen, die sich versehentlich selbst töten oder und dabei ein besonderes Maß an Dummheit zeigen. Der Name bezieht sich auf Charles Darwin, den Entdecker der natürlichen Auslese.

Um für den Preis nominiert zu werden, müssen folgende Vorgaben erfüllt sein:

1. Der Nominierte muss aus dem Genpool ausscheiden, also sterben oder unfruchtbar werden.
2. Es muss eine außergewöhnlich dumme Fehleinschätzung der Situation vorliegen.
3. Der Nominierte muss sein Ausscheiden selbst verschuldet haben.
4. Der Nominierte muss zurechnungsfähig sein, Jugendliche unter 16 Jahren sind ausgeschlossen.
5. Das Ereignis muss nachweislich stattgefunden haben.

Umstritten ist noch, ob der Darwin Award auch an einen Menschen verliehen werden sollte, der lebende Kinder hat – seine Gene hat er ja bereits weitergegeben. Andererseits wurde aber eine ältere Dame ausgezeichnet, die ihren einzigen Sohn über den Jordan schickte.

> ### 1999 nominiert für einen Darwin Award
> *18. April 1999. Ein Schwertschlucker starb, weil er einen Regenschirm schluckte. Den Todesstoß gab er sich damit, dass er den Knopf zum Öffnen des Schirmes aus Versehen drückte.*

Auch aus dem Jahre 1999

16. August 1999. Ein Jäger aus Bad Urach wurde von seinem eigenen Hund erschossen. Der 51-Jährige wurde tot neben seinem Auto gefunden. Das Gewehr schaute aus dem Fenster und der geliebte Hund heulte im Auto. Der Hund hat wohl vor lauter Freude auf den Ausflug aus Versehen mit der Pfote auf den Abzug gedrückt.

Wir schreiben das Jahr 2007

10. Januar 2007. Ein 63-jähriger Mann überlegte sich, wie er die Maulwürfe aus seinem Garten entfernen kann. Dies endete allerdings mit einem Sieg für die Maulwürfe. Der Mann hämmerte mehrere Metallstäbe in den Boden, um durch diese Hochspannungsstrom in den Boden zu leiten (der normale Haushaltsstrom war ihm wohl nicht genug). Der Boden, auf dem er stand, wurde elektrifiziert und er wurde einige Zeit später tot aufgefunden.
Die genaue Todeszeit konnte nicht festgestellt werden, aber die Stromrechnung kann sicher einen Anhaltspunkt liefern.

Im Jahr 2009

15. Dezember 2009. Ein Berliner U-Bahn-Fahrer fand eine Leiche neben der Strecke. Da es keine Videoüberwachung gab, musste die Polizei den Tod rekonstruieren, was geschlagene zwei Tage in Anspruch nahm. Offenbar war Yasin A., 22, allein im U-Bahn-Waggon, als er beschloss, ein Fenster rauszuschlagen. Er hielt sich an den Stangen in der U-Bahn fest und trat das Fenster ein. Aber nicht nur das Fenster flog heraus, auch der junge Mann wurde aus der Bahn gesogen und blieb tot neben den Gleisen liegen.

Und noch eine Nominierung aus dem Jahre 2007

4. April 2007. Um Mitternacht versuchte ein 49-jähriger Mann, seine Frau zu beeindrucken. Er kletterte über den Balkon (7. Stock) und hielt sich an der Außenseite der Brüstung fest. Dort begann er mit einer Reihe von Klimmzügen. Nach ein paar Klimmzügen jedoch, die seine Frau zweifellos beeindruckend fand, forderte seine Macho-Tat ihren Tribut. Er konnte sich nicht mehr halten und auch nicht mehr auf den Balkon zurück nach oben ziehen. Er fiel schließlich sieben Stockwerke tief (acht, wenn man das Erdgeschoss mitzählt) und wurde unten von einem Dornenbusch aufgespießt. Autsch!

Fundgrube Amazon

Für die einen ist es ein einfaches Produkt, für die anderen ein Wunderwerk. Die fantastischen Rezensionen der Messerfreunde lassen selbst MacGyver und das A-Team wie kleine Schuljungen aussehen.

Hier z. B. geht es um ein Wenger Schweizer Offiziersmesser, das »Giant Messer« mit 87 Werkzeugen, 147 Funktionen und einer Gesamtbreite von 24 cm:

© WENGER SA, Hersteller der echten Schweizer Soldatenmesser

Das ist wirklich ein fantastisches und handliches Allzweckgerät. Was mich nur ein bisschen stört, ist die Tatsache, dass grundlegende Alltagsfunktionen doch teilweise etwas schwer zu erreichen bzw. zu bedienen sind. So ist z. B. der integrierte Teilchenbeschleuniger nur dann korrekt in Betrieb zu nehmen, wenn die Nagelfeile und der Korkenzieher in einem Winkel von exakt 107,2 Grad ausgeklappt sind.

Nervig ist auch das unangenehme Summen, das der Schutz-schild-Generator von sich gibt, wenn der Schild von Luft-Boden-Raketen getroffen wird. Außerdem ist die Notfall-Rettungskapsel mit einer Kapazität von sechs Personen eindeutig unterdimensioniert und kann nur dann abgesprengt werden, wenn das Messer sich in waagerechter Lage befindet. Hier sollte der Hersteller eindeutig nachbessern.

Wer aber mit diesen kleinen Einschränkungen leben kann, der bekommt ein Multitool an die Hand, welches man schon nach kurzer Zeit im Alltagsgebrauch nicht mehr missen möchte.

Mein persönlicher Favorit ist jedenfalls neben der sauber integrierten Schlafcouch ganz eindeutig die Antigrav-Funktion, mit der sich Lasten bis 300 Tonnen in einem Meter Höhe frei schwebend spielend leicht transportieren lassen, eine unerlässliche Funktion für jeden Familieneinkauf.

Und die nächste Rezension zu dem gleichen Produkt:

Ich habe das Messer vor einer Woche erhalten. Es hat sich selbst den schneebedeckten Weg zu unserem Haus freigeräumt, sodass der Postboote netterweise im Auto sitzen bleiben konnte. Nach dem Auspacken habe ich es gleich an mein MacBook angeschlossen. Und siehe da, es funktioniert einwandfrei. Ich konnte gleich Dokumente drucken und HD-Filme anschauen. Anschließend ging das Messer noch mit dem Hund Gassi und erledigte ein paar kleinere Dinge im Haushalt (Steuererklärung, Rohrbruch beheben etc.).

Am nächsten Tag weckte mich das Messer pünktlich um 7:00 Uhr mit einer über Nacht selbst geschriebenen Symphonie, die es am integrierten Flügel auch gleich selbst vortrug.

Jetzt fliege ich täglich mit dem Messer zur Arbeit. Es ist einfach günstiger, als das Auto zu benutzen. Leider gibt es noch einige Mängel: Die eingebaute Sternwarte muss dringend renoviert werden! Und der Luftschutzbunker entspricht gerade mal den Standards vor dem Kalten Krieg.

Und noch eine

Nachdem ich zuerst etwas skeptisch war angesichts des – sind wir ehrlich – horrenden Preises, muss ich sagen, dass das Wenger Schweizer Offiziersmesser Giant (oder WeSchOGi, wie ich es gerne liebevoll nenne) die wahrscheinlich beste Investition war, die ich in den letzten zwei bis drei Jahrzehnten getätigt habe.

Ich habe, nur unter Zuhilfenahme dieses Messers, inzwischen

- 1 Haus gebaut (dank integrierter Zementmischmaschine kein Problem, man kann sogar mit dem eingebauten Hochofen inkl. Wannen und allem Pipapo seine eigene Fotovoltaikanlage basteln, natürlich nur, wenn man über etwas Quarzsand verfügt)

- 1 Kernkraftwerk modernisiert (Achtung, dies erfordert etwas Übung und ist daher erst nach mehrmaligem Probieren störfallfrei möglich! Die Bedienungsanleitung ist an der entsprechenden Stelle in manchen Punkten einfach zu vage, ich habe der Firma Wenger diesbezüglich bereits geschrieben),

- mehr als 100 köstliche Mahlzeiten zubereitet (neben dem Pizzaofen gibt es viele weitere nützliche Küchenutensilien wie Bräter, Nudelmaschine oder Waffeleisen. Praktisch: WeSchOGi reinigt sich nach jedem Gebrauch selbst, hier hat die Firma Wenger wirklich mitgedacht).

Es hagelt aber auch Kritik:

Im Grunde bin ich mit diesem Tool recht zufrieden, der Fluxkompensator, die Teleportationseinrichtung und die umfangreiche integrierte Bibliothek sind durchaus brauchbar. Doch zeigt sich hier mal wieder, dass wir – oder zumindest die Entwickler bei Wenger – immer noch in einem absolut patriarchaischen System leben.

An uns Frauen wurde nämlich so gut wie gar nicht gedacht. Lediglich 10 Prozent der vorhandenen Funktionen sind überhaupt an die Weiblichkeit gerichtet. Alles, was die Arbeit im Haushalt/ Leben erleichtern könnte, fehlt oder ist nur mangelhaft vorhanden. Weder ist ein elektrischer Fleischwolf integriert noch funktioniert die Waschmaschine zufriedenstellend (enormer Wasserverbrauch; das ist im Leben nicht die angegebene Effiziensklasse A). Zum Auffinden der Automatic-Drive-Staubsaugfunktion habe ich Tage gebraucht, und jetzt übersieht das doofe Vieh auch noch zahlreiche zu säubernde Ecken. Der begehbare Kleiderschrank ist viel zu klein und die doch eigentlich täglich benötigte Frisierkommode sowie Fön, Glätteisen und/oder Lockenstab fehlen gänzlich. Was soll das?

Besonders enttäuscht bin ich allerdings von dem als »John Holmes Lookalike« angepriesenen Vibrator – dem eigentlichen Grund meines Giant-Messer-Kaufes – der so viel Strom verbraucht, dass einem der Einsatz von Batterien lediglich eine Vibrationsdauer von drei Minuten auf niedrigster Stufe beschert und sich daher überhaupt nicht lohnt. Ein dazugehöriges Netzteil ist im Lieferumfang nicht enthalten. Weiß jemand, ob man dies irgendwo nachbestellen kann? Damit wäre mir schon viel geholfen.

Noch eine Beschwerde

Auch ich habe das Gerät nach der mitgelieferten Anleitung ordnungsgemäß in einen erdnahen Orbit geschossen, wo es dank der mitgelieferten, auf Kryptonit basierenden Antriebsdüsen eine stabile Umlaufbahn erreichte.

Bis dahin war ich sehr begeistert, doch etwa acht Stunden nach dem Abschuss in den Weltraum begann Tool 2227_X3 Alarm zu schlagen. Mich erreichte die Meldung (hier noch über Tool Nr. 15, das integrierte Fax mit Perpetuum-Mobile-Energieeinheit), dass eine außerirdische Rasse Kontakt zum Giant aufgenommen hat und mir in einer Grußnachricht mitteilte, dass die menschliche Zivilisation dank der fortschrittlichen Technologie des WARP-Antriebes (dabei hatte ich gerade nur einen unscheinbaren Knopf neben der tatsächlich viel zu kleinen Nagelschere angeschaltet) nun bereit sei, mit einer Rasse namens Vulkanier Kontakt aufzunehmen. Eh watt bitte?

!!! Es gibt seitens des Herstellers keine Mitteilung in der Betriebsanleitung oder notwendige Gefahrenhinweise. Die Angabe, dass eine Kontaktaufnahme komisch frisierter extraterrestrischer Wesen durchaus möglich ist, wäre vielleicht hilfreich gewesen!!!

Noch eine lustige Bewertung über das Produkt »Pott«

Man sollte hier nicht unerwähnt lassen, dass der Pott ursprünglich mal einen anderen Namen hatte, aus dem hervorging, dass er ein Pott für ein Ei ist. Eine gewisse Firma mit einem Apfel-Logo hatte aber etwas gegen die originale Namensgebung.
Es herrscht ja auch wirklich Verwechslungsgefahr!

Mit freundlicher Genehmigung von koziol.

5 Sterne für den Ei(erbecher)Pott!

Plus:
– keine Aktivierung über iTunes notwendig
– spülmaschinengeeignet
– integrierte Ablage für die eiSchalen
– diverse Farben verfügbar

Minus:
– Lautstärke mangelhaft
– Gerät wird ohne Treiber nicht als Wechselmedium erkannt

Über diese negativen Punke kann ich aber getrost hinwegsehen. Der Eier Pott wird sich definitiv als Hingucker am Frühstückstisch erweisen.

Amazon ist aber auch eine Fundgrube an Produkten mit geradezu irrwitzigen Preisen

Fünfmal hintereinander im Lotto gewonnen? Den Nibelungen-schatz gefunden? Bill Gates geheiratet? Alternativ Steve Jobs? Hier die ein paar Schnäppchen von Amazon.

– *Ein 10 cm Eiskratzer, grün/transparent, Neu u. OVP für schlappe 18.568,00 Euro*

– *Oder vielleicht doch eine Fräsmaschine für 52.241,00 Euro?*

– *XL ist schon wirklich eine Menge Stoff. Deshalb kostet eine Desigual Strickjacke Rita Chocolate auch 17.495,00 Euro*

– *Wer einen Halogenbrennstab-Sockel braucht, muss nur 10.000,00 Euro hinlegen.*

– *Ob dieses Buch mal so viel Wert sein wird wie die Hollywood Monsters [Broschüre] für 100.000.000,00 Euro?*

– *Bei manchem Druckerkauf lohnt sich die Nachfrage, was die Patronen kosten, sonst muss man dafür noch 999.990,25 Euro auf den Tisch legen ...*

– *Auch Tiere brauchen Luxus: z.B. das NAPF-SET FÜR HUNDE für schlappe 9.999,00 Euro*

– *Im Fünferpack wird's billiger? Fünf UKW-Duschradios kosten immer noch 40.329,00 Euro.*

»Ich bin umgezogen« –
Skurrile Todesanzeigen

Hopp, hopp, hopp!

Er hat gekämpft und doch verloren.

Horst L

Schädlingsbekämpfer

* 7. 9. 34   † 19. 12. 96

Die Hinterbliebenen:
Familie L   **und Familie S**

Wurde er auch bekämpft?

Sollte man vielleicht an die Meldestelle weiterleiten ...

Die Hand wurde wohl nicht hoch genug gehalten.

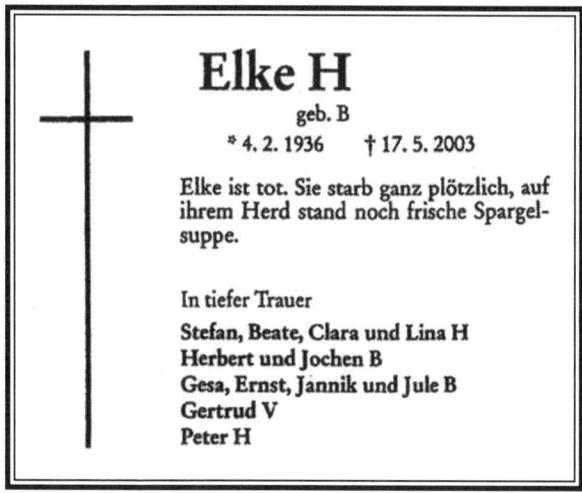

Eine vorbildliche Hausfrau!

Halali zurück!

Wir trauern um unsere

Klementine

die plötzlich und unerwartet
von uns gegangen ist.

In ihrer unvergessenen Rolle, in der sie
unser Waschmittel Ariel empfahl,
hatte Johanna König bereits zu Lebzeiten
unsterblichen Ruhm als eine der bekanntesten
und beliebtesten Markenbotschafterinnen
im deutschen Fernsehen erlangt.

Procter & Gamble Deutschland
Die Geschäftsleitung

Eine Werbeikone wird verabschiedet.

Ein Gänseblümchen macht nun für immer bubu...

Waltraud N
(Walli)
° 30. 9. 1953   † 22. 4. 1997

hat ihren Platz auf einer grünen Wiese gefunden.

Danke für das Stück Weg, das wir gemeinsam mit Dir gehen durften.
In unserer Erinnerung lebst Du weiter.

Bernhard, Sonja, Jörg, Andrea, Alexander, Thomas und alle Freunde

Bubu?

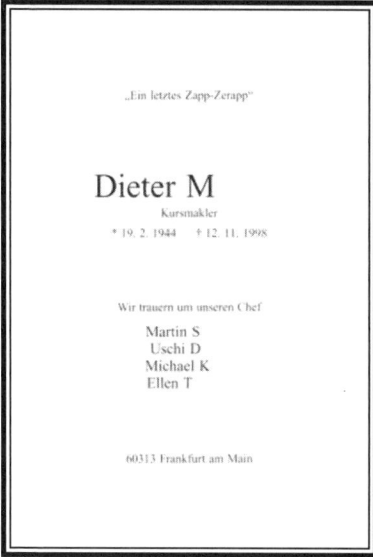

Der Fuchs:»Zapp-Zerapp und weg waren die Eier«.

Und tschö

Rolf M

* 4. März 1950   † 2. April 2006

Hannelore
Thorsten und Florian

Die Trauerfeier findet am Donnerstag, dem 6. April 2006, um 13.30 Uhr
auf dem Friedhof in Kriftel statt.

Tschö mit ö!

Rückruf

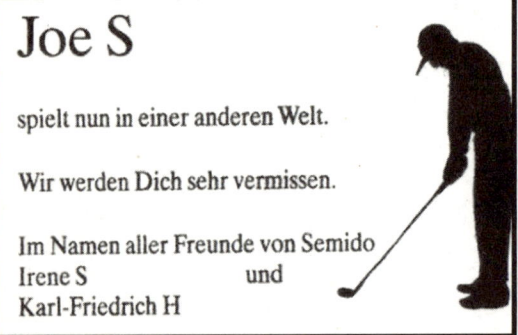

Sportlich bis in den Tod.

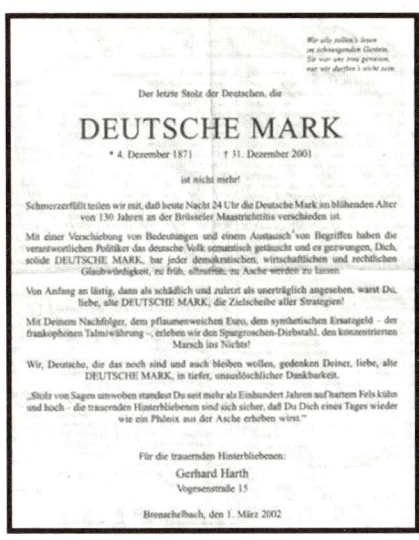

Ihr trauern viele noch nach… seufz

Da ist man auch sprachlos.

Oh, bury me thar
With my battered git-tar
A screamin' my heart out for yew

The Screaming Cowboy,
Text und Musik von Donald Duck,
Walt Disney's Comics & Stories Nr. 137

Und lieg' ich dereinst auf der Bahre,
dann denkt an meine Gu-i-tah-re!
Und gebt sie mir mit in mein Grab!

Der rührselige Cowboy,
deutsch von Erika Fuchs,
Micky Maus Nr. 7 von 1952

Die Deutsche Organisation nichtkommerzieller Anhänger des lauteren Donaldismus nimmt Abschied von

Carl Barks

* 27. März 1901   † 25. August 2000

Ehrenmitglied der D.O.N.A.L.D. seit 1977
Vorsitzender des Ehrenmitgliedsausschusses kraft Satzung

Was wir von Entenhausen wissen, verdanken wir Carl Barks.
Wir trauern um den Mann, der aus einer Wüstenei eine blühende Stadt gemacht hat.

Nicola Waldbauer
Präsidente der D.O.N.A.L.D.

Donaldismus. Ich kannte davor nur Dadaismus, Darwinismus und Dekonstruktivismus.

Zum Tode von

Dr. med. Volker P

fällt mir nur ein Wort ein:

Danke

Ein Patient

Das scheint ein zufriedener Patient gewesen zu sein.

Die Wahrheit siegt

Dr. Fritz-Peter Habel

* 31. August 1931   † 16. Januar 2011

In Liebe:

Charlotte Habel
Susanne Habel
Barbara Huppertz mit Familie
Grafing   **Elfriede Höchner**

Die Urnenbeisetzung findet zu einem späteren Zeitpunkt
im engsten Familienkreis statt.

Die Wahrheit siegt?

Es wird vielleicht auch noch die Todesstunde
uns neuen Räumen jung entgegensenden
des Lebens Ruf an uns wird niemals enden…
Wohlan denn, Herz, nimm Abschied und gesunde!

Unser geliebter Piz ist erlöst worden.

Dr. Walter Koch

* 13. Juli 1909   † 17. Januar 2011

Heidi Koch

Wolfgang Koch

Dr. Michael Koch mit **Astrid**
Raphael und **Emilia**

Stephanie Koch und
Jeremy Krauss und **Livia-Françoise**

Kryztyna Mucha mit Familie

80538 München,   im Namen aller Verwandten
Bürkleinstraße 16   und Freunde

Die Urnenbeisetzung wird im engsten Familienkreis stattfinden.

Es ist auch immer ganz wichtig, dass die Spitznamen
in der Anzeige genannt werden. Nicht wahr, Piz?

Ich weine, weil es vorüber.
Ich lächle, weil sie gewesen.

Mama

* 25. 8. 1915 † 12. 1. 2011

Dein Sohn **Manfred**

Für die Mama von Manfred. Kurz und knackig.

Du bist Deinem Willi schnell hinterher. Richtig so!

Siglinde Richter

geb. Kunze

* 28. 7. 1945 † 12. 1. 2011

Jens und **Jürgen** mit Familien

Der Urnengang findet am Montag, den 17. Januar 2011,
um 9.45 Uhr im Neuen Südfriedhof, München,
Hochäckerstraße 90, statt.

Wolltet ihr die arme Siglinde etwa loswerden?

Ein Mensch wünscht sich ganz unaussprechlich,
Dass Glück und Glas sei unzerbrechlich.
Die Wissenschaft vollbringt das leicht:
Beim Glas hat sies schon fast erreicht. (Eugen Roth)

Wir nehmen Abschied von der Schrödeline

Gitta Schrödl

* 14. September 1950   † 21. Dezember 2010

Wir sind sehr traurig
Irmi, Rolf und Tina Rüttinger

München und Hamburg im Januar 2011

Servus, Schrödeline!

Eines Morgens wachst du nicht mehr auf.
Die Vögel singen, wie sie gestern sangen.
Nichts ändert diesen neuen Tagesablauf
– Nur du bist fortgegangen –
du bist frei und unsere Tränen wünschen dir Glück.
Johann Wolfgang von Goethe

Karl-Heinz Gebert
„Elch"

* 14. Juli 1951   † 30. Dezember 2010

Tina Gebert mit **Lisa, Marei** und **Jakob**
Traudl und **Eberhard Hasreiter**
im Namen aller Angehörigen

Die Trauerfeier mit anschließender Erdbestattung
findet am Dienstag, 11. Januar 2011,
um 11.00 Uhr im Waldfriedhof Gauting, Planegger Straße 26, statt.

Im Sinne des Verstorbenen bitten wir anstelle
von Blumen und Kränzen um eine Spenden an:
Klinikum der Universität (Interdisziplinäres Darmzentrum München),
Prof. Greif, Konto 2020040, BLZ 70050000, Kennwort: 80244012.

Wie kommt man zu dem Spitznamen »Elch«?
Behaart? Säuft wie ein Loch?

In Liebe und Dankbarkeit nehmen wir Abschied von meinem
Vater und Schwiegervater

Johannes Paul Kothe

Apotheker

* 7. 9. 1925   † 1. 1. 2011

In stiller Trauer:

Höhenkirchen-   **Monika** und **Helmuth Ringer**
Siegertsbrunn   im Namen aller Angehörigen

Evangelischer Gottesdienst am Mittwoch, dem 5. Januar 2011,
um 13.00 Uhr in der Kreuz-Christi-Kirche,
Höhenkirchen, Esterwagnerstraße 10 mit anschließender
Beerdigung im Leonhardifriedhof Siegertsbrunn.

Wie kann man für jemanden Vater und Schwiegervater
gleichzeitig sein?

Winterthur, 1. März 2004

TODESANZEIGE

Völlig unerwartet aus dem Netzwerk geschieden ist

214.123.65.118

Trotz sofortigen Wiederverbindungsaufnahmeversuchen
konnte er nicht zurückgeholt werden.
Wir danken den Netzwerkadministratoren für ihre leibevolle
Betreuung und Begleitung und der IT-Leiterin für ihre
einfühlsamen Abschiedsworte

214.123.65.204
214.123.65.14
214.123.72.167
214.123.120.*

Für Blogger von Bloggern.

Jetzt bist Du auf Deiner Streuobstwiese...

Susanne Hugle

* 23. Mai 1964   † 24. Dezember 2010

Karin, Reinhard und Peter
Wolle und alle Deine Freunde

Streuobstwiese? Da hätte es doch noch Schöneres gegeben.
Die Blumenwiese zum Beispiel...

Dettmer H. Otto

* 18. 5. 1917   † 11. 12. 1991

Imagine . . .

(John Lennon)

REO

Imagine... was sollen wir uns denn vorstellen, REO?

Nachwort, Nachrede, Nachtrag, Schlussrede, Schlusswort – oder aber auch Epilog

Wir hoffen, dass unsere Leser einen einigermaßen repräsentativen Eindruck von der Vielfalt der Deppen in unserem weiten Lande erhalten haben. Es hätte noch eine Fülle von Themen gegeben, die wir gerne in das Buch gepackt hätten. Aber auch hier gilt der Vorsatz: Nicht alles, was man zeigen kann, hat es auch verdient, gezeigt zu werden.

Wie gesagt, gerne hätten wir unseren Lesern aus der Vielfalt der Deppengeschichten noch die eine oder andere vorgetragen. Doch irgendwann muss man ein Ende finden, wie uns schon Theodor Fontane in *Effi Briest* nahelegt (um hier doch noch ein wenig Bildung in das Buch zu bekommen):

»Ach, Luise, lass … das ist ein zu weites Feld.«

Über die Autoren

Michaela Moses, Jahrgang 1977, studierte Medienpädagogik, Kommunikationswissenschaft und Psychologie. Die Münchnerin ist Chefin vom Dienst im Axel Springer Verlag und hat mit Doris Preißler erneut eine Nation voller Deppen erkundet.

Doris Preißler, Jahrgang 1980, arbeitete bei verschiedenen Radiosendern bevor sie zum TV wechselte. Dort erhielt sie mit der Sendung »Clever! – Die Show, die Wissen schafft« den Deutschen Fernsehpreis.

Besser als Sarrazin:
Alle Vorurteile, Stammtischthesen und
Statistiken, die unser Land bestimmen,
in einem Buch!

272 Seiten
Preis: 14,95 € (D) | 15,40 € (A)
ISBN 978-3-86883-128-3

Deutschland schlafft ab

Die besten Vorurteile und jede Menge unnützes Halbwissen – so gewinnen Sie jede Stammtisch-Debatte

Es sieht nicht gut aus für Deutschland. Die Inflation steigt. Der Euro wackelt. Die Staatsschulden drücken. Das Gesundheitssystem bricht zusammen. Die Bundeswehr kriegt nichts gebacken. Kurz: Deutschland schlafft ab. Und wer ist schuld? Die Ausländer natürlich. Aber auch inkompetente Politiker. Gierige Manager. Speziell Ackermann. Die Medien. Die Amis. Die Taliban. Und Mario Gomez sowieso. Sara Zinn traut sich endlich, die ganze Wahrheit zu sagen (»Der Cappuccino am Flughafen ist zu teuer!«) und liefert außerdem wichtiges Halbwissen zu jeder Stammtischdebatte (»Jeder sechste Internist in Deutschland wurde schon mal von Patienten verprügelt.«).

Lustige Kontaktanzeigen:

Bärchen sucht Widder-Maus

208 Seiten
Preis: 9,95€ (D) | 10,30 € (A)
ISBN 978-3-86883-086-6

Radiologe sucht Frau mit innerer Schönheit...
Die lustigsten Kontaktanzeigen

Die Deutschen, von Haus aus Dichter und Denker, wissen ihre sprachlichen Fähigkeiten auch in Kontaktanzeigen zu beweisen. Meistens. Und da viele Deutsche offenkundig Schwierigkeiten haben, in der realen Welt den passenden Partner zu finden, geben sie auf der Suche nach dem großen Glück millionenfach Annoncen in Auftrag. Manche sind freiwillig komisch, andere sind komischerweise ganz ernst gemeint. Das Buch präsentiert die frechsten, kuriosesten und lustigsten Kontaktanzeigen.